MARCO POLO

Rhodos

Reisen mit Insider Tipps

Diesen Reiseführer schrieb der Bremer Griechenlandkenner Klaus Bötig unter Verwendung von Vorarbeiten von Christine Tsolodimos.

www.marcopolo.de
Infos zu den beliebtesten Reisezielen im Internet, siehe auch Seite 98

MAIRS GEOGRAPHISCHER VERLAG

SYMBOLE

MARCO POLO INSIDER-TIPPS:
Von unserem Autor für Sie entdeckt

★ **MARCO POLO HIGHLIGHTS:**
Alles, was Sie auf Rhodos kennen sollten

HIER HABEN SIE EINE SCHÖNE AUSSICHT

WO SIE JUNGE LEUTE TREFFEN

PREISKATEGORIEN

Hotels

€€€	über 75 Euro
€€	50–75 Euro
€	bis 50 Euro

Die Preise gelten für ein Doppelzimmer pro Nacht in der Hauptsaison ohne Frühstück.

Restaurants

€€€	über 15 Euro
€€	10–15 Euro
€	bis 10 Euro

Die Preise gelten für ein Essen mit Fleischgericht, Beilagen und Salat ohne Getränke.

KARTEN

[110 A1] Seitenzahlen und Koordinaten für den Reiseatlas Rhodos und die Karte Rhodos Altstadt

[U A1] Koordinaten für die Karte Rhodos-Stadt im hinteren Umschlag

[0] außerhalb des Kartenausschnitts

Zu Ihrer Orientierung sind auch die Orte mit Koordinaten versehen, die nicht im Reiseatlas eingetragen sind.

GUT ZU WISSEN

Rhodische Spezialitäten **20** · Wunder gibt es immer wieder **39**
Schwarze Kunst **46** · Urlaubslektüre **64**
Das griechische Alphabet mit Umschrift **100**

INHALT

Die wichtigsten
MARCO POLO Highlights

Sehenswürdigkeiten, Orte und Erlebnisse, die Sie nicht verpassen sollten

1. **Muttergottesfest in Kremastí**
Zehn Tage dauert das bedeutendste Kirchweihfest der Insel (Seite 27)

2. **Altstadt von Rhodos**
Antike, Mittelalter und Gegenwart harmonisch miteinander verbunden (Seite 32)

3. **Großmeisterpalast**
Monumentale Architektur und schöne Mosaike in Rhodos-Stadt (Seite 33)

4. **Néa Agorá**
Ein Marktgebäude wie aus Tausendundeiner Nacht und die besten Torten von Rhodos-Stadt (Seite 35)

5. **Ritterstraße**
Gotik wie in Frankreich in Rhodos-Stadt (Seite 36)

6. **Archäologisches Museum**
Eine liebliche Aphrodite und viele andere Kunstschätze aus der Antike in Rhodos-Stadt (Seite 37)

7. **Vassiláras**
Der Juwelier Vassiláras in der Altstadt von Rhodos war auch schon Europaabgeordneter (Seite 41)

Türme flankieren den Haupteingang zum Großmeisterpalast

Liebesgöttin aus Marmor

Altstadt von Rhodos

8 Filérimos
Aussichtsberg mit langer Geschichte (Seite 44)

9 Sími
Bilderbuchdorf auf einer ehemaligen Schwammfischerinsel (Seite 46)

10 Akropolis von Líndos
Johanniterburg und antikes Heiligtum hoch über dem schönsten Inseldorf (Seite 54)

11 Asklipión (Asklipeion)
Eine Kirche voller Fresken und Dorfidylle für eine Zwischenübernachtung (Seite 60)

12 Kamirós
Interessante Ruinen und ein herrlicher Blick aus dem Grünen aufs blaue Meer (Seite 76)

13 Hellasbike
Perfekt organisierte Mountainbiketouren für jedes Alter und jede Kondition in Ialissós (Seite 89)

14 Kiotári Watersports Centre
Mehr als das Übliche: Hier können Sie auch das Katamaransegeln lernen (Seite 91)

15 Faliráki Waterpark
Ein Riesenspaß nicht nur für die Kleinen in Griechenlands größtem Spaßbad (Seite 95)

★ *Die Highlights sind in der Karte auf dem hinteren Umschlag eingetragen*

Entdecken Sie Rhodos!

Vielfalt ist der Trumpf der Insel. Strände und Wälder, Trubel und Einsamkeit, Tempel und Moscheen – das alles hat Rhodos

Auf Rhodos ist die Sonne zu Hause: Laut Statistik scheint sie an 270 Tagen im Jahr. Weil sie im Winter aber nicht übereifrig ist, fallen in der kalten Jahreszeit auch genügend Niederschläge, die Rhodos zu einer grünen Insel machen. Viele Hügel sind mit Wäldern bedeckt, Weintrauben, Olivenbäume und Orangen gedeihen prächtig.

Fischer vor dem großen Fang?

Wirtschaftlich ist freilich der Tourismus inzwischen weitaus bedeutender als die Landwirtschaft. Außer Kreta zählt keine andere der über 100 bewohnten griechischen Inseln mehr ausländische Gäste als das 1400 km^2 große Rhodos. Trotzdem sind noch längst nicht alle Strände völlig verbaut. Und da der Tourismus sich auf die Küstenregionen konzentriert, lebt in den vielen Berg- und Binnendörfern das alte Rhodos weiter.

Rhodos (griechisch: Ródos) heißt auch der Hauptort der Insel. Rund 43 500 Menschen leben in der Provinzhauptstadt der Inselgruppe des Dodekanes, die aus 19 ständig bewohnten Eilanden besteht. Gegensätze prägen die quirlige Metropole. Eine Altstadt mit Denkmälern aus drei Jahrtausenden, die dabei aber gar nichts Museales an sich hat, und drum herum wuchernder Beton; gemütliche Spezialitätenlokale neben Fastfoodbaracken, touristische Einheitskultur neben dem lebendigen Ausdruck einer Tradition, wie sie griechischer nicht sein könnte – das alles hat Rhodos-Stadt auf engem Raum zu bieten.

Blick über die Dächer von Líndos

Ungefähr zwei Jahre vor der Gründung der Bundesrepublik Deutschland ist der Dodekanes und damit Rhodos griechisch geworden. Ein gutes halbes Jahrhundert ist das erst her, drei Generationen. Davor liegen 400 Jahre türkischer Besatzung und über 40 Jahre unter italienischer Herrschaft. Und dann kam schon wieder eine Invasion, diesmal allerdings eine friedliche: Sonnenanbeter und Bildungsreisen-

Geschichtstabelle

3000 v. Chr. Neolithische Funde belegen die Besiedlung von Rhodos

1500 v. Chr. Mykenische Seeleute lassen sich auf der Insel nieder

1000–500 v. Chr. Entstehung der drei dorischen Stadtstaaten Líndos, Kámiros und Ialyssós

490 v. Chr. Rhodos muss sich den Persern unterwerfen

408 v. Chr. Rhodos wird von den Athenern verwüstet. Die drei Stadtstaaten gründen Rhodos-Stadt

304 v. Chr. Der makedonische Feldherr Demétrios Poliorkétes belagert die Stadt vergeblich

164 v. Chr. Rhodos wird römisch

395 n. Chr. Nach der Teilung des Römischen Reichs fällt Rhodos an Ostrom. In der byzantinischen Zeit wird die Insel mehrmals erobert, u.a. von den Persern und den Sarazenen

1309–1522 Herrschaft des Ritterordens der Johanniter

1522 Sultan Süleyman »der Prächtige« nimmt Rhodos ein

1821–28 Griechischer Freiheitskampf gegen die Türken, der zur Gründung des neugriechischen Staats führt

1912 Die Italiener besiegen die Türken bei Psínthos und besetzen die Insel

11.9.1943 Rhodos wird von den Deutschen besetzt, etwa 2000 Juden werden in deutsche Konzentrationslager deportiert und dort größtenteils ermordet

1945 England befreit die Insel

10.2.1947 Friedensvertrag von Paris; der Dodekanes wird griechisch

1967–74 Militärdiktatur. Nach einer zweifelhaften Volksabstimmung wird 1972 die Monarchie abgeschafft

1975 Erneute Abstimmung über die Staatsform Griechenlands; die Mehrheit entscheidet sich für die Präsidialdemokratie

1981 Griechenland wird EG-Vollmitglied. Erstmals kommt eine sozialistische Regierung an die Macht

1988 Nach der EG-Gipfelkonferenz in Rhodos-Stadt wird jeder Regierungschef zum Ehrenbürger einer Dodekanes-Insel ernannt: Rhodos ehrt François Mitterrand

2002 Der Euro wird zur Landeswährung

2004 Olympische Sommerspiele in Athen

de aus Mitteleuropa trafen ein, erst vereinzelt, dann in Massen. Besonders die jungen Menschen auf Rhodos müssen sich zwischen den verschiedenen Kulturen hin- und hergerissen fühlen. In kaum einer anderen griechischen Provinzstadt gibt es eine solche Palette an Konsumgütern und Freizeitangeboten mitteleuropäischen Zuschnitts. Der letzte Schrei aus den großen internationalen Konfektionshäusern kommt auf Rhodos ebenso schnell an wie in Berlin, Wien oder Zürich. Obwohl Rhodos nicht mehr die Steuerpräferenzen genießt, die es in den ersten Jahrzehnten nach der Vereinigung mit dem griechischen Mutterland gewährt bekam, gilt es vielen Griechen noch immer als relativ preiswertes Einkaufsparadies. Die Rhodier selbst sind weltoffen. Sie überlassen die vielen Restaurants mit ausländischer Küche nicht nur den Urlaubern, sondern gehen auch selbst hin, was anderswo in Griechenland durchaus nicht selbstverständlich ist.

» Die Rhodier selbst sind weltoffen «

Rhodos hat so viele Gesichter und bietet viele Möglichkeiten, den Aufenthalt jeden Tag anders zu gestalten. Wer genug hat von den vollen Stränden des Nordens mit Surfbrett- und Tretbootverleih, Strandbars und Wasserski, fährt einfach ein Stück nach Süden. Je weiter Sie kommen, desto karger, aber auch interessanter wird die Landschaft, während Sie zugleich auf immer weniger Fremde treffen. An der Südwestküste der Insel haben Sie mit etwas Glück einen ganzen dünigen Strandkilometer für sich allein.

Die ausgetretenen Urlauberpfade verlaufen im Wesentlichen an den 220 km langen Küsten. Im Inselin-

Vielerorts bestimmen Olivenbäume das Landschaftsbild

nern ist vieles noch kaum entdeckt – verschont geblieben, wie viele meinen. Schade nur, dass es auch die Einheimischen nicht mehr in den abgeschiedenen, oft freilich farblos wirkenden Dörfern hält. Manchem Ort möchte man einen geschickt und behutsam operierenden Touristikmanager wünschen, der den Häusern wieder Leben einhaucht, bevor der letzte Bewohner gegangen ist. Auf Rhodos allerdings steigt, den Feriengästen sei Dank, die Einwohnerzahl seit 15 Jahren wieder kräftig an. Die Dörfer im Inselinnern profitieren von dieser für die griechische Provinz so untypischen Entwicklung allerdings kaum. Sie sterben weiter.

Auf Rhodos steht jede Himmelsrichtung für ein anderes Gesicht der Insel. Norden heißt Großstadtleben, Kultur, Animation und Trubel an den Stränden. Osten steht für Sandstrände und aufstrebende Ferienorte, die Faliráki mit gefälligen, der Landschaft angepassten Hotel- und Bungalowkomplexen Konkurrenz machen – und natürlich auch für das leider notorisch überfüllte, malerische Líndos. Westen heißt mehr Stein- und Kiesel- als Sandstrände, rauere Küsten, heftiger Wind, Surferreviere. Die Westküste, das ist auch Kámiros, die antike Stadt in selten schöner Lage über der Küste. Im Süden schließlich präsentiert sich Rhodos als eine für die Ägäis sehr typische Insel: karg, abweisend und im Sommer geradezu glühend. Aber auch dorthin dringt der Tourismus vor. Prassoníssi, der weite Sandstrand an der Südspitze, wird seit 1999 durch eine Asphaltstraße erschlossen. Endlich gibt es in diesem Paradies für Windsurfer auch Surfstationen, Tavernen und sogar Fremdenzimmer.

»Rund ein Drittel der Insel ist mit Wäldern bedeckt«

Norden, Süden, Westen, Osten – das sind auf Rhodos vier Variationen desselben Themas. Wer eine auslässt, lernt das Musikstück nicht kennen. Sie können alle vier an einem Tag erleben, dazu ist die Insel klein und übersichtlich genug. Viel verstehen werden Sie dann aber nicht von der Insel. Viel besser ist es, mehrere Tage unterwegs zu sein und außer den Küsten auch die stillen Bergdörfer, die Klöster und die Naturschönheiten kennen zu lernen.

Rhodos ist auch für diejenigen ein Reiseziel, die mit Strandleben und Badefreuden nicht viel anfangen können. Den milden, regenreichen Wintern verdankt die Insel eine überaus variantenreiche Flora – allein 29 Pflanzenarten sind auf Rhodos endemisch, das heißt: sonst nirgendwo zu finden. Rund ein Drittel der Insel ist mit Wäldern bedeckt – ein nach griechischen Maßstäben ungewöhnlich hoher Prozentsatz.

Ungewöhnlich hoch ist auch die Zahl der Kirchen, Klöster und Moscheen auf der Insel. Eine ganze Reihe davon stammt noch aus byzantinischer Zeit, mindestens 30 davon gelten als kunsthistorisch interessant, meist wegen ihrer Fresken oder einer besonders wertvollen Ikone. Oft liegen die Gotteshäuser auf einem besonders schönen Fleckchen Erde, und allein das lohnt den Weg dorthin. Immer mehr einst aufgegebene Klöster werden heute wieder von Mönchen oder Nonnen bewohnt und lohnen einen Umweg. Manche Besucher nutzen die Gelegenheit, mit dem Rauschen der Bäume, den zirpenden Zikaden und dem Bellen eines Hundes in der Nacht allein zu sein. Wer dagegen abends gern durch Kneipen und Diskos zieht, wird in Rhodos-Stadt, Ixía und Faliráki auf seine Kosten kommen. Anderswo, in Líndos zum Beispiel, ist nach Mitternacht nur außerhalb der Wohngebiete noch etwas los, ansonsten schweigt die Musik, und nur ein Plausch an der Bar ist noch möglich. Die Einheimischen haben ihr Recht durchgesetzt, auch während der Saison, die immerhin von April bis Oktober geht, ein paar Stunden Schlaf zu bekommen. Sie wären sonst wohl auch kaum in der Lage, (mindestens) zwölfstündige Arbeitstage und siebentägige Arbeitswochen durchzustehen.

» Nur ein Plausch an der Bar ist noch möglich «

Anfang Dezember, wenn die allerletzten abgeflogen sind, kommt die große Ruhe nach dem Sturm: Stühle werden hereingeholt, Fenster vernagelt, der Schlüssel im Türschloss herumgedreht. Jetzt kann es Winter werden. Manche Rhodier machen sich erst einmal für ein bis zwei Monate auf den Weg in die europäischen Hauptstädte oder nach Thailand und Goa – als Touristen. Auch die *kamákia,* die rhodischen Kollegen der italienischen Papagalli, nehmen dann Urlaub. Im Sommer gehören die Möchtegern-Casanovas zum Rhodosurlaub wie Hitze, Meer und Tomatensalat. Am besten lassen Sie die geschniegelten Schönlinge in den Touristencafés sitzen. Gelegenheiten, auf Rhodos angenehme, freundliche Menschen kennen zu lernen, gibt es genug. Die Besitzer der kleinen Pensionen, der Kaufmann, eine Weberin in Archángelos oder Afántou ... Wer das Gespräch sucht – auf Englisch, Deutsch, mit ein paar Brocken Griechisch oder in Zeichensprache –, wird besonders abseits der großen Touristenzentren feststellen, dass es auf Rhodos noch Griechen gibt, die Urlauber nicht nur als wandelnde Portemonnaies, sondern auch als Menschen betrachten.

Sonne, Meer und weißer Strand – für viele Urlauber das A und O

Von Aleppokiefer bis Távlispieler

Land und Leute auf Rhodos sind ein kleiner Kosmos für sich

Fauna

Esel, Mulis und Ziegen, die typischen Nutztiere des Mittelmeerraums, bestimmen auch auf Rhodos das Bild. Die größeren Säugetiere der Insel wie Wiesel, Marder, Fuchs und Dachs bekommt man fast nie zu sehen. Anders die etwa 70 Stück Damwild der Insel, die als Hirsch und Hirschkuh zugleich die Wappentiere von Rhodos sind. Sie leben noch in freier Wildbahn sowie in einem 70 000 m^2 großen Freigelände im Rodíni-Park.

Besonders groß ist die Artenvielfalt bei Insekten und Schmetterlingen. Es gibt eine große, braungraue Eidechsenart, *sáwra* genannt. An Sommerabenden sitzen manchmal hautfarbene, fast durchsichtige Geckos wie festgeklebt unter der Lampe an der Hauswand und rühren sich erst, wenn ein Insekt in ihre Reichweite kommt oder ein Geräusch sie vertreibt. Beim Bergwandern kann man – meist harmlosen – Schlangen begegnen.

Traurig sieht es heute in ganz Griechenland mit dem Fischbestand aus. Jahrzehntelanges Fischen mit Dynamit hat die Schwärme dezimiert, und die fortschreitende Verschmutzung des Meers trägt ihren Teil dazu bei. Außerdem nimmt es mancher Fischer mit den Fangzeiten nicht so genau und holt etwa die kleinen *marídes* (Weißfische) vor dem ersten Laichen aus dem Wasser, weil sie da angeblich am besten schmecken.

Wie eine Theaterkulisse: die Mauern und Türme des rekonstruierten Großmeisterpalasts in Rhodos-Stadt

Flora

Für Botaniker ist Rhodos eine Fundgrube: 29 Pflanzenarten kommen nur hier vor. Anders als die meisten Inseln der Ägäis ist Rhodos, trotz mehrerer großer Waldbrände in den vergangenen Jahren, sehr grün. Im Norden und im Innern gibt es noch viel Wald, mit italienischen Zypressen und Aleppokiefern. Auch Edelkastanien und Dattelpalmen kommen vor.

Typisch für die griechischen Inseln sind die vielen verschiedenen, oft stachligen und ineinander verhakten Sträucher an Berghängen und in trockenen Ebenen – Wacholder, Ginster, Mastixstrauch – und die manchmal fast betäubend duftenden Kräuter. Oregano, Thymian, Lavendel – auf Rhodos können Hobbyköche für ihr Kräuter- und Gewürzregal einkaufen oder es bei einer Wanderung in die Berge sogar kostenlos auffüllen. Im Frühjahr ist die Insel ein einziger Blütenteppich: leuchtend roter Klatschmohn, gelber Sauerklee, lila Alpenveilchen in den Wäldern, die rosa Blüten des Granatapfelbaums – und überall die kleinen rhodischen Pfingstrosen.

Den Zitrusfrüchten und Weintrauben können Sie geradezu beim Wachsen und Reifen zusehen. Allerdings ernten die Bauern nur noch für den einheimischen Bedarf Obst und Gemüse.

Frauen

Auf den Dörfern sieht man ihn manchmal noch, den griechischen Patriarchen, der auf einem Esel reitet, während seine Frau hinterhergeht, mit Reisig bepackt. Und es sind immer die Männer, die schwadronierend im Kafeníon sitzen – inzwischen kochen die Frauen das Essen, kümmern sich um die Kinder, putzen das Haus, versorgen die Tiere. Griechenland ist bis heute eine Männergesellschaft. An den jahrhundertealten patriarchalischen Traditionen hat auch der Tourismus auf Rhodos nicht viel geändert.

Der erste Sohn eines Paars wird auf den Namen des Großvaters väterlicherseits getauft, die erste Tochter heißt nach der Großmutter väterlicherseits. Erst ab der zweiten Tochter und dem zweiten Sohn sind die Eltern der Frau als Namensgeber an der Reihe. Dieser Brauch ist ein Grund dafür, dass es in Griechenland relativ wenige Vornamen gibt – die meisten Paare halten sich heute noch daran. Um Verwechslungen auszuschließen, gibt man in offiziellen Schriftstücken den Namen des Vaters als zweiten Vornamen mit an. Den Nachnamen verwenden Frauen grundsätzlich in der Genitivform; Ehefrau und Töchter von Herrn Argirós heißen also Argiroú, »des Argirós«.

Heiratet Eléni Argiroú einen Herrn Chrístos Saríkas, wird in ihren Ausweis eingetragen: Eléni Chrístou Saríka, was nichts anderes heißt als »die Eléni des Chrístos Saríkas«. Eléni hat also, zumindest auf dem Papier, ihren Besitzer gewechselt. Ganz wörtlich muss man das heute nicht mehr nehmen, zumal Frauen mittlerweile ihren Geburtsnamen nach einer Heirat weiterführen können. Bezeichnend für die Stellung der Frau ist dieser Sprachgebrauch aber doch.

Griechischer Kaffee

Die schwarze Brühe in der weißen Mini-Mokkatasse hieß jahrzehnte-

Variantenreiches Gebräu: griechischer Kaffee

lang völlig korrekt »türkischer Kaffee« – die Art der Zubereitung stammt nämlich aus der Türkei. Die Umbenennung hat eine Kaffeefirma mit einer nach griechischen Maßstäben gigantischen Werbekampagne in den 1970er-Jahren durchgesetzt.

Zur Zubereitung braucht man fein gemahlenen, hellbraunen Mokka, Zucker, ein spezielles Gefäß aus Aluminium, Messing oder Kupfer mit langem Stiel, *bríki* genannt, einen Löffel, Wasser, eine kleine Gasflamme und etwas Fingerspitzengefühl. Kaffee und Zucker werden zusammen aufgekocht, für einen *métrio* (mittelstark und -süß) je ein Löffel. Kenner behaupten, es gebe eine zweistellige Zahl von Varianten. Einsteiger können sich außer dem *métrio* zunächst die Bezeichnungen *skétos* (schwarz), *glikós* (süß) und *varíglikos* (süß und stark) merken. Ob man das Gemisch im *bríki* erst umrührt und dann auf die Flamme setzt oder ob zweimaliges Aufkochen wirklich den Geschmack verfeinert – da scheiden sich die Geister.

Kamáki

Kamáki heißt »Harpune«, und in der neugriechischen Umgangssprache bedeutet »Harpune machen« so viel wie »Frauen aufreißen«. Der Kamáki (Plural: *kamákia)* ist ein Kollege des italienischen Papagallo. Lange Hosen mit messerscharfer Bügelfalte oder eine schicke Jeans und blitzblanke Schuhe sind seine Dienstkleidung, dazu ein frisches Hemd in der Modefarbe der Saison und ein Goldkettchen mit Kreuz auf möglichst behaarter, halb entblößter Brust.

Die rhodischen Adonisse gelten als die Champions unter den griechischen »Harpunen«. Sicher sind vor ihnen nur die einheimischen Mädchen, deren »Tugend« immer noch von strengen Vätern, Brüdern und Onkeln überwacht wird.

Koloss von Rhodos

Er war eines der sieben Weltwunder der Antike und wurde von Chares von Líndos 294 bis 282 v. Chr. in Bronze gegossen. 50 Jahre später wurde er bei einem Erdbeben zerstört. Die Statue des Sonnengotts Helios soll 33 m hoch gewesen sein, doch leider wissen wir nicht, wie sie ausgesehen hat. Aber wahrscheinlich hat der Koloss nicht breitbeinig über der Hafeneinfahrt gestanden, wie die Überlieferung lange behauptete.

Musik und Tanz

Auf Rhodos hört man im Wesentlichen das, was in ganz Griechenland gerade Mode ist. Auf Volksfesten wird die für die meisten griechischen Inseln typische Musik gespielt (wichtige Instrumente: Geige und *laoúto,* ein großes Saiteninstrument mit dickem Bauch, das mit einem langen Plektron gespielt wird).

Seit der Film »Alexis Sorbas« um die Welt ging, weiß man überall, wie gern – und gut – Griechen tanzen. Auf den griechischen Abenden der Reiseveranstalter versuchen Urlauber, es ihnen nachzutun, legen einander die Arme auf die Schultern und proben nach der berühmten Melodie die ersten Schritte des Syrtáki. Dabei ist der Syrtáki nichts weiter als eine eigens für den »Sorbas«-Film kreierte, einfachere Version des »Klassikers« Chassápiko – und wer dessen Schritte und Figuren erlernen will,

Die Marco Polo Bitte

Marco Polo war der erste Weltreisende. Er reiste in friedlicher Absicht, verband Ost und West. Er wollte die Welt entdecken, fremde Kulturen kennen lernen, nicht zerstören. Könnte er heute für uns Reisende nicht Vorbild sein? Aufgeschlossen und friedlich sollte unsere Haltung auf Reisen sein. Dazu gehören auch Respekt vor Mensch und Tier und die Bewahrung der Umwelt.

wird mit einem Rhodosurlaub bei weitem nicht auskommen.

Es gibt traditionelle Reigentänze, die nur Männer oder nur Frauen tanzen. Aus den gebirgigen Teilen des Landes kommt der Tsámikos mit seinen schweren, stampfenden Schritten; auf den Inseln tanzen Männer und Frauen zusammen Syrtós oder, paarweise, den unbeschwerten, fröhlichen Bállos.

Im Ausland ist die griechische Musik in erster Linie durch Míkis Theodorákis bekannt geworden, später auch durch den Film »Rembétiko«, der eine Musikrichtung vorstellt, die oft als das griechische Pendant zum Blues bezeichnet wird: Die einfachen Texte handeln von Liebe, Armut, harter Arbeit und der Flucht in den Rausch. Wichtigste Soloinstrumente sind die Bouzoúki und ihr kleinerer Verwandter, der Baglamás.

Orthodoxe Gottesdienste

Fast alle Griechen bekennen sich zum griechisch-orthodoxen Christentum. Sie fühlen sich den Aposteln und den frühen Christen eng verbunden, weil sich ihre Glaubensgrundsätze seit dem 9. Jh. nicht mehr verändert haben. Orthodoxe Gottesdienste dauern häufig zwei oder drei Stunden. Jedoch harren nur wenige Kirchenbesucher diese lange Zeit über aus. Es herrscht ein ständiges Kommen und Gehen, und man plaudert auch während des Gottesdienstes gelegentlich miteinander. Predigten sind kaum üblich. Hauptmerkmal des Gottesdienstes ist der Wechselgesang der täglich unterschiedlichen Liturgie, die vom Priester und einigen Laien zelebriert wird. Gesangbücher gibt es nicht.

Schule

Wer häufiger nach Griechenland reist, bekommt vielleicht den Eindruck, die Kinder gingen wohl überhaupt nicht zur Schule. Im Juli sind Ferien, im August auch, im September immer noch, Weihnachten und Ostern sowieso. Mindestens vier Monate im Jahr bleiben die Schultüren geschlossen. Zum Glück, könnte man sagen. Denn das staatliche griechische Schulwesen ist eine Qual für alle Beteiligten: verrottende Gebäude, schlecht ausgebildete, unterbezahlte Lehrer, umschichtiger Vormittags- und Nachmittagsunterricht, weil ausreichend Klassenräume fehlen. Dazu ein Wirrwarr von Versetzungs- und Prüfungsverordnungen, an denen jeder Bildungsminister aufs Neue herumbastelt.

Távli

Zwei Männer am Tisch, ein Spielbrett mit zwei Würfeln und dicken, runden Plastikknöpfen zwischen sich, die Köpfe gesenkt, alle Muskeln angespannt – bitte nicht stören! Távli ist viel mehr als nur die griechische Version des Backgammon. Távli gehört zum Leben des traditionellen griechischen Mannes wie seine Mutter, der Militärdienst und der starke Mokka am Morgen.

Gespielt wird im Kafeníon, aber auch zu Hause, etwa am Sonntagmittag, wenn die Frauen sich eine Ruhepause gönnen und die kleineren Kinder schlafen. Menschenleere Straßen, heruntergezogene Markisen und von den Balkonen leises Klack-klack – Mittagsruhe, Távlizeit. Kenner beherrschen (mindestens) drei Variationen: *plakotó* (übersetzt etwa: Draufgehauen), *févga* (Hau ab) und *pórtes* (Türen). Für viele ist Távli Entspannung und eine Form der Kommunikation. Man schwatzt dabei über dies und jenes (sehr beliebt: Politik). Wer gewinnt, ist nebensächlich. Es gibt aber auch Besessene, Távlisüchtige, die ihren Partnern die Niederlage schon beim ersten Würfeln ankündigen und die Steine unter martialischen Drohungen in die Felder donnern. Begegnen sich zwei von derselben Art, geht auch schon mal das Spielbrett zu Bruch.

Waldbrände

Jahr für Jahr erlebt Griechenland furchtbare Waldbrände. Nicht immer ist das sprichwörtliche weggeworfene Streichholz die Ursache. Oft helfen Grundstücksspekulanten nach. Leider bleibt auch Rhodos nicht verschont. In den vergangenen Jahren zerstörten mehrere Brände große Flächen in der Mitte und im Süden der Insel. Nun sollen strenge Sicherheitsvorkehrungen helfen, neuerliche Katastrophen zu verhindern.

Távlispieler nutzen die Gelegenheit zu einem Meinungsaustausch

Eine Gastroszene mit hohem Niveau

Immer mehr Feinschmeckerlokale gesellen sich zu den traditionellen Tavernen

Neue Trends
Die Zeiten, in denen man in griechischen Tavernen nur einfach und häufig auch schlecht essen konnte, sind zumindest auf Rhodos vorbei. Mediterrane Küche nach italienisch-französischem Vorbild ist en vogue, exotische Restaurants mit indischer, libanesischer und mexikanischer Küche machen vor allem in der Inselhauptstadt alteingesessenen Lokalen heftig Konkurrenz. Junge griechische Köche und Wirte halten dagegen, indem sie sich auf die besten Traditionen häuslicher Küche aus Großmutters Zeiten besinnen, sie kreativ verfeinern und überwiegend frische, regionale Produkte verwenden.

Essen in der »paréa«
Griechen lieben es, möglichst viele Teller mit verschiedenen Gerichten gleichzeitig auf dem Tisch zu haben. Sie gehen allerdings abends auch selten allein zum Essen aus. Gesellschaft wird mehr geschätzt als traute Zweisamkeit. Für Hellenen ist die fröhliche Tischgemeinschaft, *paréa* genannt, ebenso wichtig wie der kulinarische Genuss. In einer *paréa* bestellt man immer viele verschiedene Speisen. Sie werden in die Mitte des Tisches gestellt. Jeder nimmt sich, was er mag und so viel er mag. Meist werden auch Fleisch und Fisch auf großen Platten serviert und von allen gemeinsam verzehrt. Üblicherweise bestellt man viel mehr, als man essen kann: Vollständig aufzuessen gilt als Blamage, zeigt es doch, dass man offenbar nicht genug geordert hat. Alle Teller, auch die leer gegessenen, bleiben normalerweise auf dem Tisch stehen. Der Kellner räumt sie nicht ab, damit die *paréa* jederzeit sehen kann, wie gut sie gespeist hat.

Diese Taverne in Kattaviá wartet noch auf die ersten Gäste

Vorspeisen bestellen
Das ganze Spektrum griechischer Kochkunst erleben Sie, wenn Sie statt des anderswo in Europa üblichen Menüs wie ein Grieche essen und sich reichlich Vorspeisen servieren lassen. Ein Hauptgang ist danach oft gar nicht mehr nötig.

Zu diesen so genannten *mesédes* gehören verschiedene Pürees und dicke Saucen, die die Griechen als Salate bezeichnen. En vogue sind Kroketten aus unterschiedlichen Gemüsen, aber auch aus Tintenfisch, dem Fischrogen-Kartoffel-

Rhodische Spezialitäten

Lassen Sie sich diese Köstlichkeiten gut schmecken!

Fajitó (Speisen)

briám – Ratatouille mit viel Auberginen und Olivenöl

choriátiki – griechischer Bauernsalat mit Ziegenkäse

chtapódi – Krake, wird entweder gegrillt, gekocht oder kalt als leicht säuerlicher Salat serviert

dolmádes – meist heiß in einer Ei-Zitronen-Sauce servierte, gefüllte Weinblätter

fakí – Linsensuppe, besonders in der Fastenzeit beliebt

fáva – Püree aus gelben Erbsen, gut als Vorspeise geeignet

gópes – gebratene Sardinen

jemistés – mit Reis und Hackfleisch gefüllte Paprikaschoten, Zucchini und/oder Tomaten

juvétsi – meist im Tontopf überbackene, wie Reiskörner aussehende Nudeln mit Rind- oder Lammfleisch

kakaviá – Fischsuppe, für die sich der Gast den Fisch selbst aussucht. Er wird in der Brühe gekocht, aber getrennt serviert.

kidónia – eine Muschel, die man wie Austern lebend isst

ksifía – gebratene oder gegrillte Schwertfischscheibe, garantiert grätenfrei

marídes – knusprig ausgebackene Sardellen, die man samt Gräten, Kopf und Schwanz verzehrt

paidákia – meist über Holzkohle gegrillte Lammkoteletts

patsá – Kuttelsuppe, besonders am frühen Morgen nach durchzechter Nacht begehrt

revithókeftédes – eine Art Reibekuchen oder Kroketten aus Kichererbsenbrei

stifádo – vorwiegend Rindfleisch-, manchmal auch Kaninchengulasch in einer Tomaten-Zimt-Sauce mit Zwiebelgemüse

supjés – eine Art *kalamáres,* die im Gegensatz zu jenen aber nie tiefgefroren, sondern frisch sind

Potá (Getränke)

frappé – kalter, schaumig geschlagener Instantkaffee

retsína – mit dem Harz der Aleppokiefer versetzter Weiß- oder Roséwein

soúma – die rhodische Variante des anderswo in Griechenland *rakí* oder *tsípouro* genannten Tresterschnapses

Püree *taramá* oder ganz profanen Hühnchen. Reibekuchen oder Bällchen aus Kichererbsenbrei sind eine Köstlichkeit. Tradition haben mit Käse und/oder Spinat, mit Würstchen oder Fleisch gefüllte Blätterteigtaschen, *píttes* genannt. Gebratene Auberginen- und Zucchinischeiben zählen ebenso zu den *mesédes* wie frische Salate, nach Matjesart eingelegte Fische, Anchovis, Oliven, überbackener Käse und frische Meeresfrüchte.

Holzkohlenfreaks

Bei den Hauptgerichten geben sich die meisten griechischen Köche weniger einfallsreich. Wenn Hellenen essen gehen, wollen sie Fleisch und Fisch vom Holzkohlengrill. Saucen werden kaum dazu serviert – zum Fisch bestenfalls eine Mischung aus gutem Olivenöl und Zitrone. Folienkartoffeln oder Kartoffeln aus dem Backofen kommen zwar immer mehr in Mode, die Standardbeilage sind jedoch mehr oder minder schlechte Pommes frites.

Backofenspezialitäten

Ein Highlight der traditionellen griechischen Küche sind die Gerichte aus dem Backofen. Allseits bekannt sind mit Béchamelsauce bedeckte Aufläufe wie *moussaká* (Auberginen und Hackfleisch) oder *pastítsjo* (Makkaroni und Hackfleisch). Sehr lecker sind aber auch überbackene Auberginen, zusammen mit Kartoffeln im Backofen gegartes Lammfleisch *(kleftikó)* oder *exochikó,* in Folie zusammen mit Gemüsen gebackenes Lamm.

Super-Süßmäuler

Rhodische Süßspeisen sind orientalisch geprägt. Man erhält sie nur selten als Dessert in Restaurants, sondern geht dafür in das *zacharoplastío,* die griechische Variante der Konditorei.

Andere Länder, andere Sitten

In traditionellen Dörfern und in den Städten sind die meisten Tavernen von 9 Uhr morgens bis Mitternacht geöffnet. Ein Grieche geht essen, wann er will, nicht, wenn der Wirt es will. Das Mittagsmahl nehmen die Hellenen oft erst gegen 14 oder 15 Uhr ein. Abends trifft man sich mit seiner *paréa,* der Tischgemeinschaft aus Freunden und Verwandten, häufig erst nach 22 oder 23 Uhr. Brot wird immer zum Essen serviert. Auch wer es nicht berührt, muss es bezahlen. Es ist im Preis für das so genannte *cover* eingeschlossen, das überall auf der Rechnung steht: meist ein Betrag zwischen 50 Cent und 3 Euro.

Whisky als Nationalgetränk

Die neuesten Statistiken zeigen: Whisky ist die von Griechen bevorzugte Spirituose. Trotzdem ist auch der traditonelle Anisschnaps *oúzo* noch weit verbreitet. In ländlichen Gebieten konsumiert man zudem den Tresterschnaps *soúma,* der einem einfachen italienischen Grappa gleicht. Zum Essen trinkt man Wasser, Wein oder Bier, das es häufig auch vom Fass gibt.

Edle Tropfen

Überall gibt es Weine aus den rhodischen Großkellereien CAIR und Emery. Liebhaber seltenerer Weine fragen nach Weinen aus der rhodischen Kellerei Triantáfillou oder den Weinen von Ktíma Papaioánnou und Ktíma Mércouri auf dem Peloponnes.

Sonne im Handgepäck

Mit duftendem Thymian, Schafskäse, Oúzo und einem bunten Keramikteller können Sie ein Stück Rhodos mit nach Hause nehmen

Vorsicht, der Urlaub auf Rhodos kann teuer werden! Das Angebot der Boutiquen, Juweliere und Kunstgewerbeläden kommt nämlich an das einer europäischen Großstadt mühelos heran. Vor allem Rhodos-Stadt und Líndos bieten neben dem üblichen Großstadtangebot an Kleidung, elektrischen Geräten, Sportartikeln eine große Palette von Luxuswaren wie Pelze und wertvollen Schmuck. Als Mitbringsel stehen eine Fülle kleiner und größerer, nützlicher und unnützer Gegenstände zur Wahl. Auf jeden Fall sollten Sie sich erst einmal in mehreren Geschäften umsehen. Oft bekommt man denselben Artikel ein paar Straßen weiter für erheblich weniger Geld. Feilschen ist nur noch bei sehr teuren und/oder seltenen Waren üblich.

Zwar sind die 1948 eingeführten Steuerpräferenzen, die der von Besatzung und Krieg gebeutelten Wirtschaft der Insel auf die Sprünge helfen sollten, außer Kraft, doch gilt Rhodos vielen Griechen immer noch als sehr preisgünstiger Einkaufsort. So ist zum Beispiel schottischer Whisky auf Rhodos für weniger Geld zu haben als in Schottland. Brillengestelle – und auch Medikamente – sind billiger als in Deutschland. Wer preiswert essen, trinken oder auch rauchen möchte, sollte auf jeden Fall zu griechischen Produkten greifen. Viele können sich mit den ausländischen durchaus messen. Nicht wenige Urlauber kaufen zur Erinnerung eine Dose Papadópoulos-Kekse mit Schokolade-Nuss-Füllung, *oúzo,* Metaxá-Brandy oder auch eine Stange griechische Zigaretten.

Verlockende Präsentation von Goldschmuck in Rhodos-Stadt

Antikenkopien

Antike Büsten, Vasen, Öllämpchen und sogar ganze Standbilder gibt es in Rhodos-Stadt in einem staatlichen Geschäft in der Nähe des Museums zu kaufen – als Repliken, versteht sich. Kleine Stücke sind schon für rund 10 Euro zu haben. Auch Ikonen werden dort angeboten. Repliken antiker Pretiosen finden Sie bei Juwelieren.

Esswaren

Für einen »griechischen Abend« zu Hause können Sie sich einiges aus Rhodos mitnehmen, wenn im Koffer noch Platz ist. Zum Beispiel Oliven und Olivenöl (sehr gut aus Kalamáta, zu haben in Dosen); Schafskäse (die stärker gesalzenen Sorten halten eine Flugreise aus); Gewürze; Pistazien; Süßigkeiten; griechischen Mokka (in Supermärkten aluminiumverpackt, in der Kafferösterei auch lose). Mokkatöpfchen *(bríki)* nicht vergessen!

Keramik
In der Antike waren die rhodischen Schalen, Krüge, Vasen und Becher über den Mittelmeerraum hinaus berühmt. Zumindest teilweise hat sich die Tradition erhalten: Die Töpfer von Rhodos haben in ganz Griechenland einen guten Ruf, doch die hand- oder fußgetriebene Drehscheibe, wie sie schon in der Antike benutzt wurde, hat der Elektroscheibe Platz gemacht. Trotzdem lohnt es sich, eine Töpferei zu besuchen und sich die Gefäße in den verschiedenen Produktionsphasen anzusehen. Spezialität auf Rhodos: bunt bemalte Teller als Wandschmuck.

Kleidung
Auf Rhodos ist so gut wie alles zu haben, was es auch in westeuropäischen Großstädten gibt, und oft billiger als zu Hause. Es gibt auch Maßschneidereien, die innerhalb von ein paar Tagen ein Hemd oder einen ganzen Anzug anfertigen.

Kombolóia
Das Kombolói ist ein typisches Accessoire vor allem der älteren Griechen. Es erinnert an einen Rosenkranz, hat aber keinerlei religiöse Bedeutung mehr. Man(n) sitzt im Kafeníon, lässt die Perlen durch die Finger gleiten und murmelt dabei, wie böse Zungen behaupten, immer dieselben Worte: »Ich hab zu tun, ich hab viel zu tun, ich hab zu tun ...« Kombolóia gibt es in allen nur denkbaren Ausführungen: mit Lederband und bunten Plastikperlen (Fußballfans nehmen die Farben ihrer Lieblingsmannschaft) für ein paar Euro pro Stück; mit gelber Schnur, Quaste und ebenfalls gelben Perlen aus Plastik oder, vornehmer, aus Bernstein (die traditionsreichste Version). Klein, aber fein ist die Ausführung mit Metallschnur und versilberten oder vergoldeten Perlen. Entsprechend größer gibt es Kombolóia auch als Wandschmuck.

Lederwaren
Taschen, leichte Schuhe und Accessoires wie Geldbörsen oder Gürtel sind auf Rhodos deutlich billiger als in Deutschland, leider aber oft auch von schlechterer Qualität. Als Geheimtipp gelten Schuhe, die gut und preiswert sind.

Musik
Alles, was international up to date ist, kann man auf Rhodos als CD, Schallplatte oder Kassette kaufen. Für gute Qualität wird allerdings ähnlich viel Geld verlangt wie zu Hause. Auch bei der griechischen Musik ist die Auswahl groß. Ein paar Namen: Mános Chatzidákis (bei uns bekannt durch die Filmmusik von »Sonntags nie«, die aber für seinen Stil nicht sehr typisch ist); Dioníssis Savvópoulos (ein Altrocker, der mit Songs wie »Scheißgriechen« schockt); Eléni Karaíndrou (u. a. Musik zu Théo Angelópoulos' »Bienenzüchter«), Vangélis Papathanassíou (im Ausland unter seinem Vornamen bekannt, Filmmusiken, u. a. Costa Gavras' »Vermisst«), Jórgos Daláras (spezia-

lisiert auf traditionelle Rembétiko-Lieder, aber auch Schlager und Lateinamerikanisches), Cháris Alexíou (Interpretin traditioneller und moderner Stücke, deren Gesangsstil eine Reihe jüngerer Sängerinnen geprägt hat), Níkos Papázoglou (Rembétiko-Stücke, Schlager). Aus dem Riesenwerk von Míkis Theodorákis, der auch als Politiker von sich reden gemacht hat, sind die von María Farantoúri interpretierten Liederzyklen zu empfehlen.

Pelze

Ausgerechnet Pelzmäntel und -jacken sind bei Rhodosurlaubern der Renner. Über 100 Pelzgeschäfte gibt es auf der Insel. Viele auf Rhodos angebotene Pelze kommen aus Kastoriá im Norden Griechenlands. Dort hat man sich auf die Verarbeitung kleiner Pelzstücke spezialisiert. Die Kürschner schneiden sie in dünne Streifen, die dann zu großen Teilen zusammengenäht werden. Die so »gestückelten« Mäntel und Jacken sehen genauso aus wie ein Pelz aus einer ganzen Haut, sind aber viel billiger. Es ist aber auf jeden Fall angebracht, um den Preis sehr hart zu feilschen.

Schwämme

Die bekannte Schwammtaucherinsel Kálymnos beliefert Rhodos mit gelben und braunen Naturschwämmen. Während der Saison laufen die Taucher manchmal auch den Mandráki-Hafen an, um die Früchte ihrer riskanten Arbeit direkt zu verkaufen.

Teppiche, Stoffe, Häkelarbeiten

In den letzten Jahren haben viele Frauen den Webstuhl wieder hervorgeholt und verkaufen Kelims und Stoffe, z. B. für Bettüberwürfe. Eine Hochburg der Teppichweberei ist Archángelos. Manche Weberinnen haben nichts dagegen, wenn man ihnen einmal bei der Arbeit zu Hause über die Schulter guckt. Oft reicht eine Nachfrage im Kafeníon, um eine Adresse ausfindig zu machen. Bevor Sie sich auf den Weg machen, sollten Sie bedenken, dass der Tagesablauf in den rhodischen Dörfern anders ist als in einer mitteleuropäischen Großstadt: Zwischen 13 und 17 Uhr zu kommen, gilt zumindest im Sommer als unhöflich, und kaum eine Frau wird in der Mittagshitze am Webstuhl sitzen. Oft werden auch feine Strick- und Häkelarbeiten angeboten, allerdings nicht immer made in Rhodos.

Ein Teppich entsteht

Feste, Events und mehr

Zu vielen Festen gehören traditionelle Musik, gutes Essen und Tanz

Auf Rhodos wird viel und gern gefeiert. Meist ist der Patronatstag des Dorfheiligen der Anlass dafür. Solche Kirchweihfeste beginnen oft schon am Vorabend des eigentlichen Feiertags mit Musik und Tanz. Am Festtag selbst findet dann häufig nur noch ein Gottesdienst statt. Die beweglichen Feiertage richten sich nach dem julianischen Kalender und fallen daher nur selten mit unseren gleichnamigen Feiertagen zusammen. Vor allem in der Stadt Rhodos finden das ganze Sommerhalbjahr über auch zahlreiche andere Veranstaltungen statt, die kurzfristig angekündigt werden. So kann man antike Tragödien oder moderne griechische Rockmusik in Freilichttheatern oder im Fußballstadion der Stadt sehen und hören. Auch private Feste werden gern in der Öffentlichkeit gefeiert. Der Geburtstag spielt nur eine untergeordnete Rolle, der Namenstag ist wichtiger. Zu Taufen und Hochzeiten werden häufig mehrere Hundert Gäste in eine Taverne eingeladen, Livebands oder traditionelle Musiker sorgen für Stimmung, alle Anwesenden tanzen. Fremde, die zufällig vorbeikommen, werden auf ein Glas Wein eingeladen und dürfen meist auch fotografieren.

Feste gehören einfach dazu

Feste Feiertage

1. Januar *Neujahr;* **6. Januar** *Epiphanias;* **25. März** *Nationalfeiertag;* **1. Mai** *Tag der Arbeit;* **15. August** *Mariä Entschlafung;* **28. Oktober** *Nationalfeiertag;* **25./26. Dezember** *Weihnachten*

Bewegliche Feiertage

14. März 2005 *Rosenmontag;* **29. April 2005** *Karfreitag;* **1./2. Mai 2005** *Ostern;* **19./20. Juni 2005** *Pfingsten*

Feste und Veranstaltungen

März–Mai

Rosenmontag: *Großer Karnevalsumzug* in Kremastí. Überall auf Rhodos fahren Familien und Freundeskreise aufs Land, machen Picknick und lassen Drachen steigen. In der Stadt Rhodos ist der Rodíni-Park der Schauplatz dafür.
25. März: *Nationalfeiertag* zur Erinnerung an die griechische Erhebung gegen die türkische Fremdherrschaft 1821; Kranzniederlegungen und Paraden, bei denen Schulkinder oft Trachten tragen
Karfreitag: gegen 21 Uhr *Prozession* in allen Orten (außer in Archángelos, dort erst gegen Mitternacht)
Ostersamstag: Ostermesse ab 23 Uhr, zu der fast alle Rhodier gehen. Kurz vor Mitternacht erlöschen in den Kirchen alle Lichter bis auf das ewige Licht. Um 24 Uhr verkündet der Priester die Auferstehung Christi. Alle Kirchenbesucher entzünden mitgebrachte Kerzen, die Jugend veranstaltet mit Krachern, Böllern und Raketen ein lautstarkes Feuerwerk.

Juli

16./17. Juli: *Kirchweihfest* mit viel Folklore in Koskinoú
19. Juli: abends großes *Kirchweihfest* mit volkstümlichem Jahrmarkt an den ehemaligen Hotels auf dem Profítis Ilías
25.–27. Juli: *Kirchweihfest* in Kattaviá mit Volksmusik und -tanz
29. Juli: Abends *Kirchweihfest* am Kloster Ágios Syllas bei Sorónì mit Musik, Tanz und Eselsrennen

August

Erste Augusthälfte: *Ialísia,* Kultur- und Folklorefestival in Ialissós mit in- und ausländischen Volkstänzen, Konzerten moderner Interpreten, Kunstausstellungen und Sportwettkämpfen
14.–23. August: ★ *Muttergottesfest* in Kremastí mit Jahrmarkt, Kunsthandwerksausstellung, Tanz- und Musikveranstaltungen

September

7./8. September: *Massenwallfahrt* zum Gipfelkloster Tsambíka. Der Weg hinauf ist abends beleuchtet.
13.–15. September: großes *Kirchweihfest* mit viel Folklore in Kallithiés
Zweite Septemberhälfte: *Weinfest* in Émbonas mit zahlreichen Volkstanzgruppen aus ganz Rhodos

Traditioneller Volkstanz

Trutzige Mauern unter blauem Himmel

In der alten Ritterstadt ist immer für Abwechslung gesorgt

Karte in der hinteren Umschlagklappe

Morgens ein Bad im Meer. Nachmittags ein Rundgang auf Stadtmauern aus der Ritterzeit mit Blick auf türkische Moscheen und ein Bummel durch die Läden in der Altstadt. Ein Besuch der antiken Tempel über der Stadt, dann ein Abendessen zur Feier des Tages in einem Nobelrestaurant auf dem Wasser, und schließlich, Mitternacht ist längst vorbei, gewöhnt man seine Ohren in einer Musikkneipe an die Klänge des Bousoúki. So könnte ein Urlaubstag in Rhodos-Stadt aussehen. Ein Parcours durch die Jahrtausende, von der Antike bis heute, mit einer Flut völlig verschiedenartiger, einander oft widersprechender Eindrücke, die man gar nicht so schnell verarbeiten kann.

Hektisch wie eine moderne Stadt überall auf der Welt; verträumt wie ein altes Dörfchen in der Provence; Respekt einflößende Mauern aus der Ritterzeit und geschmacklose,

Verlockend blau ist der Himmel über den Dächern von Rhodos-Stadt

Vorsicht, das Meer ist nah

hastig hochgezogene Billigbauten, Minarette und kunstvoll schlichte Marmorsäulen antiker Tempel – all das ist Rhodos-Stadt.

Ein Ort, der Kontroversen geradezu herausfordert. Am besten, man klammert die Inselhauptstadt bei der Inselrundfahrt einfach aus, sagen die einen. Lieblos hingeklatschte Häuser, ausgesucht hässliche Hotels, Fastfoodbuden, Souvenirkitsch en masse, Verkehrslärm, überfüllte Strände – nicht zu empfehlen. Andere schwören auf die Schönheit und den Charme der Altstadt, die Faszination des Hafens, die beeindruckende Palette von Geschäften und Boutiquen. Und wo sonst drängen sich auf so engem Raum Erinnerungsstücke aus drei Jahrtausenden und (mindestens)

Entspannter abendlicher Aperitifgenuss unter Palmen

drei Kulturen, vom filigranen Armreif einer wohlhabenden Dame der Antike bis zu einer vollständig erhaltenen Geschäftsstraße aus dem Mittelalter? Wo sonst wird Urlaubern auch abends so viel Unterhaltung geboten – gute Restaurants, Musikkneipen, Tanz zum Staunen und Mitmachen?

Die Wahrheit liegt, wie immer, irgendwo in der Mitte. Alles, was Fans und Verächter über Rhodos-Stadt sagen, stimmt. Wer es allerdings links liegen lässt und sofort in sein kleines Ferienapartment an der Ostküste weiterfährt, bringt sich um ein kontrastreiches, aufregendes Erlebnis.

Wie ein riesiger Krake streckt die Stadt ihre Tentakeln nach allen Seiten aus, überwuchert die Vororte und umschlingt die Dörfer der Umgebung – so eng, dass manchmal nur noch am Ortsschild zu erkennen ist, wo die Grenzen verlaufen. Bezeichnend ist die immer wiederkehrende Frage der ankommenden Urlauber im Reisebus, der sie vom Flughafen abholt und an der Westküste entlang Richtung Inselhauptstadt fährt: »Sind wir jetzt in Rhodos-Stadt?« Das erste Mal fragen sie in Paradíssi, das zweite Mal in Ialyssós, das dritte Mal in Ixiá. Dort steht vielleicht das Hotel, das sie gebucht haben – aber die Innenstadt ist immer noch rund 10 km weit weg. Ixiá war noch vor 30 Jahren ein unbedeutendes Dorf an der Westküste. Heute ist es, wenn auch inoffiziell, ein Teil von Rhodos-Stadt.

An der ganzen Strecke steht ein Hotel neben dem anderen. Die meisten sind hoch, klotzig und grau oder allenfalls weiß. Hier sind sie wieder, die Bausünden der 1960er- und 70er-Jahre, die so viele Küsten Südeuropas verschandelt haben. Schade, dass der Reisebus nicht geradeaus weiterfährt, um das Kap herum. Wer es zu Fuß umrundet, sieht plötzlich hinter einer Biegung, auf einer Landspitze, die sich vorwitzig ins Meer hineinschiebt, ein zierlich wirkendes helles Gebäude, förmlich umzingelt von Hotels und Cafeterias. Das Aquarium von Rhodos ist für viele Neuankömmlinge der erste Gruß aus der Zeit v. T. – vor dem Tourismus.

Wie Teile eines sehr großen, sehr einfachen Puzzles liegen die drei Bezirke der Stadt um die Hafenbecken herum. Ganz innen, am Handelshafen, die Altstadt. Sie gehört im Winter den Einheimischen und im Sommer den Urlaubern. In dem Viertel, das sich an den Mandráki-Hafen anschließt, liegen Hotels, Souvenirläden, Fastfoodlokale. Dort herrscht im Sommer quirliges Leben, im Winter weisen geschlossene Türen und Fensterläden jeden ab, der sich außerhalb der Saison auf die Insel verirrt.

Das größte Puzzlestück ist das eigentliche Wohngebiet von Rhodos-Stadt. Die Häuser und Straßen könnten in jeder beliebigen Stadt im Süden Europas liegen. Hier wohnt man, geht morgens zur Arbeit und kommt erst abends wieder zurück. Die meisten Geschäfte verkaufen Alltägliches: Jeans und Sweatshirts, Schulhefte und Kaugummis, Kochtöpfe und Blumenvasen. Da ist kaum etwas, was an einen Ferienort erinnert.

Abends macht man sich auf den Weg zum Mandráki-Hafen, in die Altstadt oder in eines der umliegenden Dörfer. Ohne die Stammgäste aus Rhodos-Stadt könnten die dortigen Spezialitätenrestaurants und Tanzlokale nicht bestehen.

MARCO POLO Highlights »Rhodos-Stadt«

★ **Altstadt von Rhodos**
Jeder Stein ist sehenswert (Seite 32)

★ **Großmeisterpalast**
Toller Anblick, schöner Ausblick, guter Einblick (Seite 33)

★ **Néa Agorá**
Ein Marktgebäude als Treff zu jeder Tageszeit (Seite 35)

★ **Ritterstraße**
Auf Kieselsteinpflaster durch die Kreuzritterzeit (Seite 36)

★ **Archäologisches Museum**
Antike Schätze in einem mittelalterlichen Hospital (Seite 37)

★ **Vassiláras**
Selbstgemachter Schmuck von hoher Qualität (Seite 41)

★ **Volkstanztheater Nélli Dimóglou**
Hier können Sie die echten griechischen Tänze erleben – und in Kursen auch selbst erlernen (Seite 44)

★ **Filérimos**
Antike Ruinen, ein romantisches Kloster und Rhodos aus der Vogelschau (Seite 44)

★ **Sími**
Eine Insel wie aus einer anderen Zeit (Seite 46)

Das Wohnviertel ist von der Altstadt durch die alten Stadtmauern und Grünflächen getrennt. Im Südosten ist es am breitesten, verjüngt sich dann und schmiegt sich wie ein weiches Halstuch an die Häuser der Altstadt.

Rhodos-Stadt per Auto zu erkunden ist für Ortsfremde reiner Nervenkitzel. Während die einheimischen Autofahrer sich mit geradezu traumwandlerischer Sicherheit durch die kleinen, voll geparkten Straßen lavieren und ihr Ziel in der Innenstadt tatsächlich erreichen, steht der Urlauber mit seinem Stadtplan in der Hand oft da wie der berühmte Ochs vorm Berg und tüftelt Winkelzüge aus, die dann in der Praxis immer wieder an dem runden roten Schild mit dem weißen Balken in der Mitte scheitern. Fast möchte man meinen, dass auf jeden der rund 52 500 Bewohner von Rhodos-Stadt gleich noch eine Einbahnstraße kommt.

Auch Radfahrern, die es mit den Verkehrsregeln genau nehmen, kann es passieren, dass sie zwei-, dreimal am Aquarium vorbeikommen, bis sie ein Schlupfloch gefunden haben. Eine besonders harte Nuss für Stadtfremde ist die Angewohnheit der Verantwortlichen, Einbahnstraßen häufiger mal die Richtung wechseln zu lassen. Da fährt man in eine Straße hinein, immer dem blauen, pfeilförmigen Schild nach, und sieht plötzlich auf der Fahrbahn dicke weiße Richtungspfeile, die dorthin zeigen, woher man kommt. Keine Panik. Die Einbahnstraße verlief eben gestern (oder vor vier Wochen oder vor einem Jahr) noch andersherum.

Am besten, man nimmt den Bus, zum Beispiel an der Odós 28. Oktovríou, und fährt erst einmal mit der Linie 1, 2, oder 4 zum Mandráki-Hafen oder gleich zur alten Stadtmauer am Handelshafen, Emborikó limáni. Oder man geht zu Fuß außen herum, am Wasser entlang. Auch für die Altstadt gilt: zu Fuß!

Die ★ Altstadt von Rhodos hat nämlich etwas Gefährliches an sich: Sie fasziniert, verwirrt, führt in die Irre. Man fängt die Entdeckungsreise langsam an, geht staunend durch die Straße der Ritter, die so aussieht, als seien die Menschen, die hier vor 500 Jahren wohnten, nur mal eben in den Häusern verschwunden. Weiter gehts, vorbei an dem mächtigen Großmeisterpalast, dann in die Einkaufsstraße Odós Sokrátous, ein bisschen bummeln, im Café Kárpathos etwas trinken …

Irgendwann biegt man ab in eine Gasse, fasziniert von einem blumenüberwucherten Hauseingang, folgt dem gewundenen Gässchen rechtsherum, linksherum, noch einmal rechts … Am Türkischen Bad ist man vorbeigekommen, am Volkstanztheater, hat zwischendurch eine Kleinigkeit gegessen, in einer winzigen Bäckerei ein paar Süßigkeiten gekauft – jetzt brennen die Füße …

Ganze Tage könnte man in der Altstadt verbringen und immer wieder noch etwas Neues entdecken. Über 30 Gebäude und Plätze gelten als sehenswert. Mancher Stadt würde eine einzige dieser Sehenswürdigkeiten genügen, um ihre Gäste zum Besuch des historischen Stadtkerns einzuladen. Die Altstadt von Rhodos, eigentlich ein riesiges Freilichtmuseum, hat dabei gar nichts Steifes und Museales an sich. Die Gebäude werden zum Teil noch genutzt – in der Straße der Ritter zum Beispiel sind der Archäologische Dienst und andere Stellen des griechischen Kulturministeriums untergebracht. Wer kann schon von sich behaupten, in einem Bürohaus aus dem Mittelalter zu arbeiten? In Rhodos-Stadt ist das nichts Ungewöhnliches.

Die Altstadt ist kein Ort, dessen Schönheit man nur genießen kann, wenn er menschenleer ist. Die Gebäude leben durch die Menschen, die in ihnen wohnen oder staunend vorbeigehen, wie es Touristen nun einmal tun. In der Hochsaison allerdings wird es schon mal zu viel mit den Bewunderern. Wer in dieser Zeit da ist, sollte frühmorgens kommen, wenn die Altstadt und ihre Menschen unter sich sind.

Mosaike schmücken die Saalböden im Großmeisterpalast

SEHENSWERTES

Ein Hinweis vorweg: Die Öffnungszeiten (und die Eintrittspreise) können sich ändern. Zum Glück liegen die meisten Gebäude nicht weit voneinander entfernt, und Wartezeiten lassen sich in der Altstadt auf angenehme Art überbrücken – man trinkt einen Kaffee oder stöbert in den Geschäften an der Sokrátous-Straße (und vergisst dabei womöglich den Museumsbesuch).

Großmeisterpalast [114 B2]

★ Als trutziges Wahrzeichen der Stadt thront die mächtige Burg über den Häusern der Altstadt. Im Großmeisterpalast war einst das Machtzentrum des Johanniterordens, der 200 Jahre lang Vorposten des christlichen Abendlands im Kampf gegen die Osmanen war. Von italienischen Kaufleuten in Jerusalem gegründet und 1099 vom Papst bestätigt, spielte der Orden eine wichtige Rolle während der Kreuzzüge. Aus dem Heiligen Land vertrieben, kamen die Ritter 1291 erst nach Zypern, bis sie 1309 unter dem Großmeister Foulquet de Villaret Rhodos eroberten und zur größten befestigten Stadt des Mittelmeerraums ausbauten. Nach der türkischen Eroberung der Insel ließen sie sich dann in Malta nieder, das ihnen Kaiser Karl V. 1530 überlassen hatte – aus den Johannitern wurden die Malteserritter. Der Großmeister herrschte ganz wie der Fürst eines souveränen Staats über den weltlichen Besitz des Ordens. Er wurde von Wahlmännern aus den verschiedenen Sektionen des Ordens (»Zungen«) auf Lebenszeit gewählt.

Der Palast stammt so, wie er heute aussieht, aus den 1930er-Jahren. Das ursprüngliche Gebäude wurde im späten 14. Jh. erbaut. Dazu gehörte die Hauptkirche des Ordens. Sie war dem Ordensheiligen Johannes geweiht und stand westlich von der Eingangshalle.

Nachdem die Türken 15220Rhodos erobert hatten, diente das Gebäude als Gefängnis, die Palastkirche als Kuhstall und die Hauptkirche als Moschee. In den Gewölben wurde das von der Belagerung übrig gebliebene Pulver gelagert. 1856 kam es durch einen Blitzschlag zu einer Explosion, die Johanneskirche flog in die Luft, und die umliegenden Gebäude, darunter der Großmeisterpalast, wurden stark beschädigt. Ähnliche Unglücke hat es in Griechenland mehrmals gegeben. Auch der Parthenontempel auf der Akropolis hat den größten Teil seiner Beschädigungen durch die Explosion eines Pulvermagazins erlitten.

Von dem ursprünglichen Gebäude sind nur wenige Teile erhalten geblieben, darunter das Eingangsportal mit den beiden halbrunden Türmen. Den italienischen Architekten, die den Großmeisterpalast wieder aufgebaut haben, werfen Fachleute vor, schlechte Arbeit geleistet zu haben. Das Gebäude sollte dem italienischen König und dem Diktator Benito Mussolini als repräsentativer Wohnsitz dienen, wenn sie Rhodos einmal besuchten – was sie aber nie getan haben. So ist das Obergeschoss ein gutes Stück zu klotzig geraten, und, ein schlimmer Fauxpas: Die Fußböden wurden mit antiken Mosaiken von der Insel Kos geschmückt, wie sie kein Ritter, auch der Großmeister nicht, jemals in seinen Räumen hatte. Zwei neu eingerichtete, sehr informative Ausstellungen im Großmeisterpalast zeigen anhand von Objekten und Illustrationen, wie die Menschen in Antike und Mittelalter lebten und arbeiteten. *Di–So Juli/Aug. 8.30–19, sonst 8.30–15 Uhr, Eintritt 6 Euro, Platía Kleovoúlou*

Mandráki-Hafen **[114 C1]**

Einen Namen sollten Sie sich gleich einprägen: Mandráki. Sie werden ihn immer wieder hören, wenn Sie nach dem Weg fragen. Wo ist die Touristeninformation? In Mandráki. Wo finde ich den Markt? In Mandráki. Wo kann man ein Boot mieten? Na? Mandráki heißt übersetzt »kleiner Schafpferch«. Woher der antike Kriegshafen von Rhodos-Stadt seinen heutigen Namen hat, weiß niemand genau. Eine Erklärung besagt, dass das mit seiner Bauweise zu tun haben könnte: Der Mandráki-Hafen sieht nämlich aus wie eine Zange und umschließt die Schiffe wie der Pferch die Schafherde.

Wer mit dem Schiff kommt, wird an der Hafeneinfahrt von Hirsch und Hirschkuh, den Wappentieren der Insel, begrüßt. In der Antike soll der Koloss von Rhodos dort gestanden haben. Vom Meer aus gesehen links steht heute der runde Turm der mächtigen Ágios-Nikólaos-Festung aus dem 15. Jh. Die drei Mühlen auf der Mole sind wahrscheinlich etwa genauso alt.

Mandráki wird aber auch der Bezirk hinter dem eigentlichen Hafen genannt. In Mandráki fahren die Linien- und die Überlandbusse ab, in Mandráki ist der große Taxistand – und der Markt. Das Gebäude der

Drei Mühlen stehen auf der Mole des Mandráki-Hafens

★ *Néa Agorá* ist nicht zu übersehen: Es hat sieben Ecken, ist aber nur eineinhalb Stockwerke hoch. Unter den Arkaden zur Hafenseite hin ist eine Reihe von Cafés, die bis spät in die Nacht voll besetzt sind. Dort gibt es die auf Rhodos so beliebten, ursprünglich türkischen Süßigkeiten wie Baklavás und Kataífi. An zwei Kiosken zwischen den Cafés werden internationale Zeitungen und Zeitschriften verkauft. Im Innenraum der Néa Agorá steht die heute nur noch durch die schönen Fischreliefs an den Kapitellen ihrer Säulen als solche erkennbare ehemalige Fischmarkthalle.

Mandráki fasziniert immer wieder neu: Hafenflair, Markttrubel, großstädtische Betriebsamkeit. Natürlich hat das Juwel viele Bewunderer. An manchen Tagen sind es so viele, dass sie sich am Eleftherías-(Freiheits-)Tor, das auf dem kürzesten Weg zur Altstadt führt, auf die Füße treten – nicht zuletzt deshalb, weil auch Autos das Freiheitstor passieren und für Fußgänger rechts und links nur ein schmaler Streifen vorgesehen ist.

Monte Smith **[U A6]**

Wie jede griechische Stadt, die aus der Antike stammt, hat auch Rhodos-Stadt seine Akropolis. Von den Tempeln ist leider nicht mehr allzu viel übrig. Der Ausflug auf den etwa 110 m hohen Berg lohnt sich aber trotzdem, weil man hier die ganze Stadt von oben sieht: Altes und Neues, Schönes und Hässliches. Seinen unpassend anmutenden heutigen Namen verdankt der Burgberg dem Oberbefehlshaber der britischen Marineeinheiten, die im frühen 19. Jh. auf Rhodos stationiert waren. Ihre Aufgabe war es, das östliche Mittelmeer zu überwachen und vor möglichen Angriffen der Truppen Napoleons zu schützen, der zu dieser Zeit seinen Ägyptenfeldzug führte.

Die Italiener gaben dem Berg den Namen Monte Santo Stefano. So wird er heute noch gelegentlich genannt. Er liegt im Westen der Stadt und ist mit dem Linienbus gut zu erreichen. Dreieinhalb Säulen eines Apollotempels, ein wieder aufgebautes Theater und ein teilweise rekonstruiertes Stadion – das sind die spärlichen Überreste. Sie reichen aber aus, um einen Eindruck davon zu gewinnen, wie es hier einmal ausgesehen hat.

Vom Monte Smith lässt sich Rhodos-Stadt in seiner ganzen Widersprüchlichkeit bewundern. Ausblick Nummer eins bietet sich gleich am Anfang, dort, wo die Busse der Reisegesellschaften halten. Das Westküstendorf Ixiá präsentiert sich vom Rand des Bergs als ein Klumpen aus wucherndem Asphalt und Beton. Großhotels wie das Sofitel Capsis ragen in den Himmel. Um Ausblick Nummer zwei zu genießen (das ist diesmal wörtlich gemeint), müssen Sie auf den höchsten Punkt des Monte Smith steigen, wo die Grundmauern zweier Tempel zu sehen sind. Von dort blicken Sie auf den schönen Teil der Westküste, der hinter dem Flughafen beginnt, auf die Insel Sími und die Küste Kleinasiens. Ein besonderer Genuss ist dieses Panorama bei Sonnenuntergang. *Ständig zugänglich, zu erreichen über die Odós Voríou Ipírou, Neustadt, Bus Nr. 5 ab Mandráki/Néa Agorá*

Rejab-Pascha-Moschee [114 C5]

Als die Türken 1522 Rhodos erobert hatten, gaben sie der Insel ein völlig neues Gesicht. Bisher ungewohnte Kuppelbauten und Minarette tauchten auf, aus Kirchen wurden Moscheen, Lagerräume oder Kuhställe. Manche ließ man auch einfach verfallen. Den Bauten aus der Türkenzeit ging es dann bei den Italienern ähnlich, sie wurden vernachlässigt oder umfunktioniert. Auch die Rhodier restaurieren die Moscheen, wenn überhaupt, sehr langsam, sodass die meisten zurzeit nur von außen zu besichtigen sind.

Das trifft auch auf die Rejab-Pascha-Moschee an der kleinen Platía Doriéos mitten in der Altstadt zu. Sie gilt als die schönste von Rhodos, vor allem wegen ihrer einst berühmten Ausstattung mit Fayencen. Zurzeit wird sie restauriert. *Platía Doriéos*

Ritterstraße [114 B–C3]

★ Schnurgerade zieht sich die Odós Ippotón vom Ordenshospital der Johanniterritter, in dem heute das Archäologische Museum untergebracht ist, zum Großmeisterpalast. Rechts und links liegen die Herbergen der verschiedenen »Zungen« des Ritterordens, geschmückt mit den Wappen der jeweiligen Großmeister. Die schönste gehörte den französischen Rittern und liegt etwa in der Mitte. Die Ritterstraße ist die einzige spätmittelalterliche Wohnstraße Europas, die vollständig erhalten geblieben ist. Sie ist sehr schlicht und wirkt fast langweilig, wenn kein Mensch darin zu sehen ist. *Ständig zugänglich, Besichtigung von Innenräumen nicht möglich, Odós Ippotón, Altstadt*

Stadtmauern [U C–E 4–6]

Die schönsten Ausblicke auf die Minarette und Hinterhöfe der Altstadt haben Sie von den mittelalterlichen Stadtmauern aus. Zum Hauptwall gelangt man durch das Kanonentor der Loggia des Großmeisterpalasts, der höher liegt als die übrige Altstadt. Das Kanonentor wird zweimal in der Woche jeweils nur für kurze Zeit geöffnet. Wer den Termin verpasst hat und sich einen Eindruck von den mächtigen Stadtmauern und -toren verschaffen will, kann vom Eleftherías-Tor aus außen um die Stadtmauern herumlaufen – der Rundgang dauert über eine Stunde. *Gang über den Hauptwall vom Großmeisterpalast, Di und Sa 14.30–15 Uhr, Eintritt 6 Euro*

Insider Tipp

Süleiman-Moschee **[114 B3]**
Der rosafarbene Bau am oberen Ende der Einkaufsstraße Odós Sokrátous stammt aus dem 19. Jh. und ist ein Neubau der Moschee, die dort unmittelbar nach der Eroberung von Rhodos gebaut wurde. *Meist verschlossen*

Insider Tipp

Türkischer Friedhof **[U C2]**
Ein stimmungsvoller Platz am nördlichen Ende der Platía Eleftherías. Die Moschee in der Mitte trägt den Namen des Admirals Murad Reis, der bei der Belagerung von Rhodos fiel und ebenfalls dort begraben ist. *Ständig zugänglich, Platía Eleftherías, Neustadt*

Insider Tipp

Türkisches Bad **[114 B4]**
Der große Kuppelbau aus dem 18. Jh. dient heute als öffentliche Badeanstalt *(Dimotiká Lutrá)*, viele Häuser der Altstadt haben nämlich keine Badewanne. Auf die Annehmlichkeiten der echten türkischen Hamams, wie Dampfbad und Massage, muss man in der öffentlichen Badeanstalt von Rhodos-Stadt allerdings verzichten. *Mo–Fr 11–18, Sa 8–18 Uhr, Eintritt 1,47 Euro, Platía Aríonos, Altstadt*

Uferstraße **[U C2–3]**
Die Eleftherías ist streckenweise so breit, dass die Autos sich darauf verlieren. Rechts und links liegen imposante, klassizistisch anmutende Gebäude. Die Post zum Beispiel residiert in dem Prachtbau, der schon türkischen Präfekten und auch italienischen Gouverneuren als Amtssitz gedient hat. Gegenüber, neben dem Bischofspalast, liegt die orthodoxe Evangelismós-Kirche. Die frühere Hauptkirche der Johanniter wurde 1925 nach alten Zeichnungen rekonstruiert. *Tgl. 7–12 und 17–19.30 Uhr*

Insider Tipp

Uhrturm **[114 B3]**
Wegen der herrlichen Aussicht auf Dächer und Türme der Altstadt lohnt es sich, auf den Turm zu klettern. *Tgl. 9–19 und 21–23 Uhr, Eintritt inkl. Erfrischungsgetränk 3,50 Euro, Odós Orféos 1, Altstadt*

MUSEEN

Archäologisches Museum **[114 C3]**
★ Sehenswert ist vor allem das Gebäude, in dem das Museum untergebracht ist, das Ordenshospital der Ritter. Es stammt aus dem 15. Jh. und ist ein schlichter Bau mit einem großen Innenhof, der auf allen Seiten von Arkadengängen umgeben ist. Die eine Seite wird ganz von dem 50 m langen Krankensaal eingenommen. Die medizinische Versorgung im Hospital soll so gut gewesen sein, dass sogar aus dem Ausland Patienten kamen.

Die größten Kostbarkeiten des Museums sind eine kleine Marmorstatue, die um das Jahr 100 v. Chr. entstanden ist und »Kauernde Aphrodite« genannt wird; eine Grabstele aus dem 5. Jh., die zwei Frauen, vermutlich Mutter und Tochter, zeigt – sie heißen nach der Inschrift

Die »Kauernde Aphrodite«

auf dem Stein Krito und Timarista; und eine große, vor Rhodos im Meer gefundene Aphroditenstatue. *Di–So 8.30–15, Juli–Okt. Mo 12–19, Di–So 8–19 Uhr, Eintritt 4 Euro, Odós Apéllou, Altstadt*

Byzantinisches Museum [115 D3]
In der Marienkirche *Panagía tou Kástrou* aus dem 12. Jh. sind einige alte Wandmalereien aus verschiedenen rhodischen Kirchen zu sehen. *Di–So 8.30–14.40 Uhr, Eintritt 2 Euro, Panagía tou Kástrou (St. Mary), Platía Mousseíon*

Museum für dekorative Kunst [114 C2]
Ein volkskundliches Museum mit einer großen Sammlung lindischer Teller, rhodischer Möbel und schöner Trachten. Das Museum nimmt einen Teil des 1350 erbauten alten Ordenshospitals ein. *Di–So 8.30 bis 15 Uhr, Eintritt 2 Euro, Platía Argirokástrou, Altstadt*

Museum für moderne griechische Kunst

Insider Tipp

Das Museum ist auf drei verschiedene Gebäude verteilt. In der *Art Gallery, Mo–Fr 8–14 Uhr,* an der *Platía Símis* **[114 C2]** und im *Nestorídio Melathrón, Mo–Fr 9–14 Uhr,* an der *Platía Charítou* **[U B1]** wird griechische Kunst des 19./20. Jhs. gezeigt, im *Zentrum der Gegenwartskunst, tgl. 10–14 und 18–21 Uhr,* neben der Kirche Ágia Apóstoli an der Hauptaltstadtgasse *Odós Sokratoús 179* **[114 B4]** finden jährlich wechselnde Sonderausstellungen und Performances griechischer Gegenwartskünstler statt. *Eintritt 3 Euro, gültig für alle Ausstellungen*

Synagoge [115 E5]
Die 1943 von deutschen Truppen verwüstete Synagoge Kahal Shalom von 1577 wurde restauriert und steht als jüdisches Museum und Gebetsstätte Besuchern aller Religionen offen. Ein Miglied der verbliebenen jüdischen Gemeinde gibt gern Erklärungen. *Odos Dosiádou, So–Fr 10–17 Uhr, Eintritt frei*

ESSEN & TRINKEN

Akropolis [115 D4]
Gartenlokal mit vielen schmackhaft zubereiteten Spezialitäten. *Odós Sofokléous 16, Altstadt, Tel. 22 41 02 97 45,* €€

Casbah [115 D4]

Insider Tipp

Stilvolles Café und Restaurant, das mediterrane und nahöstliche Küche bietet. *Odós Platónos 4–8, Altstadt, Tel. 22 41 07 36 36,* €€€

Chatzikélis **[115 E4]**
Exzellente Adresse für den Genuss von Fisch und Meeresfrüchten, sehr guter Seeigelsalat. Terrasse mit Blick ins Grüne und auf alte Gemäuer. *Odós Solomoú Alchadéf 9, Tel. 22 41 02 72 15,* €€

Insider Tipp **Dinóris** **[115 D3]**
Das Restaurant hat sich auf Fisch und Meeresfrüchte in allen Variationen spezialisiert. Zusätzliches Plus: Bei Dinóris speisen Sie in einem schönen historischen Gebäude. *Platía Mousío 14 a, Altstadt, Tel. 22 41 02 58 24,* €€€

Líndos **[U B1]**
Ein relativ schmuckloses Restaurant, in dem gute griechische Küche serviert wird. Der beste Beweis: Einheimische kommen oft zum Mittagessen hierher. *Platía Gavriíl Charítas, Neustadt, Tel. 22 41 02 44 21,* €€

Mama Sofia **[114 B3]**
Eine Taverne mit preiswerten Fischgerichten und familiärer Atmosphäre. *Odós Orféos 28, Tel. 22 41 02 44 69,* €€

Mango Bar **[114 C5]** Insider Tipp
Bar und Internetcafé mit Computern auf der Terrasse direkt gegenüber der Rejab-Pascha-Moschee. Beliebter Travellertreffpunkt. *Platía Doriéos 2, Tel. 22 41 02 48 77,* €

Pandaisia **[115 D4]**
Das Restaurant gehört einer freundlichen, von Ólimbos auf der Nachbarinsel Kárpathos stammenden Familie, die gute griechische Hausmannskost serviert. Wie in ihrem Heimatdorf üblich, trägt die Wirtin meistens ihre traditionelle Tracht –

Wunder gibt es immer wieder

Viele Ikonen sind wie Konsularbeamte des Himmels auf Erden

Die oft bewunderte und manchmal auch verfluchte griechische Gelassenheit hat ihre Wurzeln nicht nur im sonnigen Klima, sondern auch in der natürlichen Gläubigkeit vieler Hellenen. Sie wissen, dass sie sich bei Problemen an den dafür zuständigen Heiligen wenden können. Der weilt nicht nur in himmlischen Gefilden, sondern ist zumeist ganz in der Nähe als Ansprechpartner präsent: in Gestalt seiner Ikone in einer Kirche, im Wohnzimmer, auf der Brücke einer Fähre oder zwischen den Frontscheiben des Linienbusses.
Die hl. Paraskeví ist für Probleme mit den Augen zuständig, die hl. Markélla kümmert sich um die Beine, der hl. Nikólaos um Kinder und Seefahrer, der hl. Raffaíl um angeblich unheilbare Krankheiten – und die Gottesgebärerin, anderswo die heilige Jungfrau genannt, kann in allen Fällen helfen.

aus Gewohnheit allerdings und nicht etwa als Spektakel für die Touristen. Gutes Preis-Leistungs-Verhältnis. *Akousiláou/Ecke Odós Aristofánou, Altstadt, €*

Socratous Garden **[114 B3]**
Ein Gartenlokal in der Altstadt, in dem man unter Palmen gut griechisch essen kann. Auf den Korbstühlen und an zwei langen Tresen sind aber auch Gäste willkommen, die nur ein Eis essen oder etwas trinken möchten – wie wärs zum Beispiel mit der Spezialität des Hauses: Melonenschnaps. *Odós Socratoús 126, Tel. 22 41 02 01 53, €*

Ta Synaxária tis Marías **[115 D4]**
Kleine Taverne mit vielen griechischen Spezialitäten, gute Auswahl an Vorspeisen wie das Gelberbsenpüree *fáva* und *andsóvis*, sauer eingelegte Anchovies. *Platía Akousiláou/Odós Aristofánou, €*

Insider Tipp
To Kapílio tou Giánni **[114 C1]**
Urige Taverne zwischen den Altstadtmauern, etwas versteckt am Eingang zum Wallgraben gelegen. Große Auswahl an Fisch, Gemüse- und Fleischgerichten, aber auch Pizza und Pasta. Aufpassen: Wo hinter dem griechischen Namen eines Gerichts ein Sternchen steht, handelt es sich um Ware aus der Tiefkühltruhe – und was in der deutschen Übersetzung als Quitte bezeichnet wird, ist in Wahrheit eine lebend zu essende Austernart! *Platía Alexandrías (auf der Rückseite des großen Taxistands), €€*

EINKAUFEN

Eine ständige Versuchung, weil vieles günstig zu haben ist. In der Neustadt wimmelt es zum Beispiel von guten Bekleidungsgeschäften, die auch international bekannte Marken führen.

Basílios Sirímis **[115 F4]**
Ladenatelier eines Ikonenmalers und Holzschnitzers. *Odós Kistiníou 42, Altstadt*

Casts & Reproductions **[114 C3]**
Kopien von antiken und mittelalterlichen Kunsthandwerksarbeiten, Schmuckstücken, Keramikgefäßen und Ikonen aus vielen Museen Griechenlands in jeder Größe. Sperrige Statuen werden per Fracht nach Hause geliefert. *Platía Símis, im Erdgeschoss der Art Gallery, Mo–Fr 8–14.30, Sa 9–14.30 Uhr*

Ilías Laloúnis **[114 C3]**
Filiale eines berühmten (und teuren) Athener Juweliers. *Platía Megalou Alexándrou, Altstadt*

Interfurs **[115 D4]**
Modernes Pelzgeschäft, dessen deutschsprachiger Inhaber Dimítris Zánnis seine Mäntel und Jacken aus Leder und Pelzen selbst entwirft und auch Kundenwünsche nach Maß binnen fünf Tagen realisiert. *Platía Ippokrátous 27-30, Altstadt*

Marco Polo Gallery **[114 C4]** Insider Tipp
Zeitgenössische Kunst in geschmackvoller Präsentation, aber nicht ganz billig. *Odós Agíou Fanoúriou 42, Altstadt*

Savvas Gold **[115 D4]**
Vieles, was man überall findet, aber auch selbst gefertigter Schmuck im byzantinischen Stil und Schönes auf Bestellung. *Odós Aristotélous 33, Altstadt*

Die Anprobe im Interfurs macht offensichtlich Laune

Vassiláras [115 D3]
★ Hier bekommen Sie hochwertigen, vom griechischen Ladeninhaber und befreundeten deutschen Juwelieren selbst gearbeiteten Schmuck. *Odós Ermoú*

ÜBERNACHTEN

Pauschal Reisende wohnen fast ausschließlich in der Neustadt von Rhodos. Sehr viel ruhiger und stimmungsvoller residieren Sie innerhalb der Altstadtmauern. Dort gibt es inzwischen eine ganze Reihe kleiner Hotels und Pensionen aller Preisklassen, die modernen Komfort mit historischem Ambiente verbinden.

Andreas Rooms [114 C5]
Die kleine Pension im nördlichen Teil der Altstadt wird von einer griechisch-französischen Familie betrieben, die außerdem fließend Englisch spricht. Es gibt Zimmer mit und ohne Dusche/WC. Zimmer 21 ist mit drei Fenstern das schönste. Von der Bar auf der Aussichtsterrasse aus liegt Ihnen die ganze Altstadt zu Füßen. *14 Zi., Odós Omírou 28 d, Tel. 22 41 03 41 56, Fax 22 41 07 42 85, www.hotelandreas.com,* €

Cava d'Oro [115 F4] Insider Tipp
Kleines, sehr ruhig gelegenes Hotel in einem 800 Jahre alten Haus unmittelbar an der Stadtmauer, die die Gäste hier auch betreten dürfen. Kleiner Innenhof und gemütlicher Frühstücksraum. Die klimatisierten Zimmer sind ganz individuell mit einem Hauch von Ritterromantik, aber modernen Installationen eingerichtet. Das Ehepaar Thanassis (aus Rhodos) und Biggi (von der Mosel) kümmert sich sehr herzlich um seine Gäste. Nur 200 m vom Fährhafen entfernt; auch in der Hochsaison per Taxi erreichbar. *13 Zi., Odós Kistiníou 15, Tel. 22 41 03 69 80, Fax 22 41 07 73 32, www.cavadoro.com,* €€

Marco Polo Mansion [114 C4] Insider Tipp
Fünf exklusiv eingerichtete Zimmer in einem ehemaligen türkischen Haus. *Odós Agíou Fanoúriou 42, Altstadt, Tel./Fax 22 41 02 55 62, www.marcopolomansion.web.com,* €€€

Niki's Rooms [115 D5]
Diese modern ausgestattete Pension liegt ziemlich zentral. *12 Zi., Odós Sofokléous 39, Altstadt, Tel. 22 41 02 51 15,* €

Olympos [114 C4]
Die ganzjährig geöffnete Pension mit einer gut Deutsch sprechenden Wirtsfamilie befindet sich in einem alten Haus, zu dem ein schöner Garten gehört. *7 Zi., Odós Fanoúriou 56, Altstadt, Tel./Fax 22 41 03 35 67,* €

Rodos Park **[U B4]**
Komfortabel, in Altstadtnähe gelegen, mit Swimmingpool, etwa 800 m vom Strand entfernt. Alle Zimmer sind mit französischen Betten ausgestattet; die Suiten verfügen außerdem über einen Whirlpool. *60 Zi., Odós Ríga Feréou 12, Tel. 22 41 02 46 12, Fax 22 41 02 46 13,* **€€€**

Insider Tipp **S. Nikolis' Hotel** **[114 B5]**
Sotiris Nikolis und seine Frau Marianne, eine Dänin, haben mehrere Altstadthäuser aus dem 14. Jh. zu einem kleinen Hotel mit zwölf Zimmern, fünf Apartments und vier Flitterwochensuiten mit eigenen Gärten und Balkonen sowie mit Privatparkplätzen umgebaut. Die Zimmer sind im traditionellen Stil geschmackvoll eingerichtet. Alle haben Telefon und Bad. Bisher kommen vor allem amerikanische Gäste. Das Frühstücksbüfett auf einer großen Terrasse mit schöner Aussicht kostet extra. *Odós Ippodámou 61, Tel. 22 41 03 45 61, Fax 22 41 03 20 34, www.s-nikolis.gr,* **€€€**

Spartális **[U C3]**
Haus der unteren Mittelklasse. Etwa eine Gehminute vom Busbahnhof, vom Mandráki-Hafen und der Néa Agorá, fünf Minuten von der Altstadt entfernt. Ideal für ein oder zwei Zwischenübernachtungen in der Stadt. *79 Zi., Odós Plastirá 2, Tel. 22 41 02 43 71, Fax 22 41 02 04 06,* **€€**

FREIZEIT & STRÄNDE

Mopeds und Motorräder
Vermieter gibt es viele in der Neustadt. Einer hat sich auf Motorräder der Marke Harley Davidson spezialisiert: *Harley, Odós 28. Oktovríou 80, Tel./Fax 22 41 07 49 25* Insider Tipp

Radfahren
Rhodos ist eine gebirgige Insel. Wer mit dem Rad fahren möchte, sollte sich ein Mountainbike leihen. Erstklassige Mountainbikes vermietet *Hellas Bike/Rhodos Cycling* in Ixiá, *Leofóros Iraklíódon 3, Tel./Fax 22 41 09 28 72, Mobiltel. 6944/51 95 56.* Dort werden auch deutsch- und englischsprachig ge-

Die Strände von Rhodos bieten nicht nur Badefreuden

führte Touren verschiedener Schwierigkeitsgrade über die Insel angeboten.

Strände
An den Stadtstränden zwischen Mandráki-Hafen und Aquarium sowie zwischen Aquarium und Kritiká ist der Strand sehr voll und oft auch heftigen Winden ausgesetzt. Zu den vielen anderen Stränden in der näheren Umgebung kommt man leicht per Linienbus oder Mietfahrzeug; Badeboote steuern vom Mandráki-Hafen aus die Bucht von Kallithéa, den Strand von Faliráki und Líndos an. Wer hüllenlos braun werden möchte, begibt sich nach Faliráki, wo im äußersten Süden des langen Hauptstrands ein Abschnitt für Nudisten freigegeben ist, an dem auch Liegestühle und Sonnenschirme vermietet werden.

Wassersport
Rhodos und Umgebung lassen kaum Wünsche offen. An allen großen Stränden kann man Surfboards und Tretboote mieten oder sich auf Wasserskiern versuchen. Surfer haben an der Westküste den besten Wind.

AM ABEND

Nirgendwo auf der ganzen Insel werden Sie ein so breites Unterhaltungsangebot finden wie in Rhodos-Stadt. Hinweis: Lokale, in denen Livemusik gespielt wird, sind vor 22 Uhr entweder geschlossen oder gähnend leer.

Café Chantant [115 D4]
Kein Café, sondern ein typisch griechisches Musiklokal, in dem von etwa zehn Musikern und Sängern fast ohne Pause nur griechische Musik gespielt wird. Wenn eine griechische Tischgemeinschaft in Schwung kommt, tanzt sie. Ausländer sollten sich aufs Zuschauen beschränken. Jedes Getränk kostet etwa 7 Euro, Griechen lassen sich bevorzugt Whiskyflaschen auf den Tisch stellen (95 Euro). Mindestverzehr 25 Euro pro Person. *Mi–So 24–3 Uhr, Odós Aristotélous 22, Altstadt, Tel. 22 41 03 22 77*

Gas Dancing Station [114 B1]
25 000 Watt, irre Lichteffekte und ewige Partystimmung auf fünf Ebenen locken jährlich über 100 000 Besucher in die größte Diskothek der Stadt. Wer eine Ruhepause braucht, geht hinunter auf den Hof ins Blue Lagoon. *Odós 25. Martíou 2, Neustadt, www.lepalais.gr*

Kasino [U B2]
Im altehrwürdigen Bau des ehemaligen *Grande Albergo delle Rose* aus der italienischen Besatzungszeit ist 1999 ein elegantes Spielkasino direkt am Meer geworden. Wo 1988 die Regierungschefs der EU-Staaten tagten, dreht sich jetzt 365 Tage im Jahr die Roulettekugel. Über 300 einarmige Banditen warten hier auf Glücksritter. Gewinner können sich dann auch eine der 33 Luxussuiten *(€€€)* im Kasino leisten – und gleich noch einen Butler dazu. *Kasino Mo–Fr 15–7, Sa/So 0–24 Uhr, Hotel und Kasino Tel. 22 41 09 75 00, www.casinorodos.gr, Odós Ko, Mindestalter 23 Jahre, Eintritt 15 Euro*

Elli [U C2]
In der Musikkneipe werden die Gäste mit Rembétiko-Liedern in Stimmung gebracht, bis der Erste

aufsteht, um zu tanzen. Typischer Liedtext: »Nimm deine schmutzigen, ungewaschenen, weggeworfenen Sachen und hau ab, mein Freund, was willst du noch von mir?« *Aktí Kountourióti 6, Neustadt*

Ton und Licht **[114 B2]**

Bei allen Vorbehalten gegen solche Spektakel: Dieses lohnt sich. Im Mittelpunkt steht der Großmeisterpalast, dessen Geschichte durch eingängigen Text und geschickt dosierte Licht- und Geräuscheffekte lebendig wird. *April – Okt. tgl. Vorstellungen in mehreren Sprachen (siehe Aushang neben der Kasse). Eintritt 5 Euro, Platía Rimíni, www.greekfestival.gr*

Volkstanztheater Nélli Dimóglou **[114 B5)**

★ Die Idee kommt aus Athen: Dort hatte die renommierte Tanzpädagogin Dóra Strátou vor Jahrzehnten ein eigenes Volkstanztheater gegründet. Ihre Schülerin Nélli Dimóglou hat es ihr nachgetan. Das Ensemble zeigt die klassischen griechischen Volkstänze, jeweils in den traditionellen Originaltrachten der Region. Danach hat man auf jeden Fall einen Eindruck davon gewonnen, wie die griechischen Tänze »richtig« getanzt werden. Auch klassische Volkslieder werden vorgetragen. Für Gruppen ab fünf Personen, die sich selbst einmal an den Schritten versuchen wollen, veranstaltet Nélli Dimóglou regelmäßig einwöchige Intensivkurse. *Preis pro Person und Kurs, mit freiem Eintritt ins Theater, etwa 150 Euro, Anmeldung Tel. 22 41 02 01 57; Vorstellungen Juni–Okt. Mo, Mi, und Fr 21.20 Uhr, Odós Androníkou 7, Altstadt, Eintritt 10 Euro*

AUSKUNFT

Griechische Zentrale für Fremdenverkehr **[114 A1]**

Mo–Fr 7.30–15 Uhr, Odós Makaríou/Odós Papágou, Tel. 22 41 02 32 55, Fax 22 41 02 69 55

ZIELE IN DER UMGEBUNG

Filérimos **[111 E2]**

★ Für die Bewohner von Rhodos-Stadt ist der Filérimos-Berg ein sehr beliebtes Naherholungsgebiet. Auf dem 267 m hohen Plateau ist es sogar im Sommer relativ kühl, und der Weg nach oben bietet immer wieder schöne Ausblicke auf die Küste. Hier stand einst die Akropolis des antiken Ialyssós.

Sie verlassen die Stadt auf der Westküstenstraße und biegen im Dorf *Ialissós*, das die Einheimischen noch immer mit dem alten Namen *Triánta* nennen, links ab. Der Weg ist ausgeschildert. Für die Fahrt den Berg hinauf sollten Sie sich Zeit nehmen – die vielen Serpentinen erlauben ohnehin keine hohe Geschwindigkeit. Nur etwa 20 Minuten von der quirligen Innenstadt entfernt sind Sie hier in einer völlig anderen Welt: mächtige Kiefern rechts und links, Kräuterduft, zirpende Zikaden. Kommt einmal ein Auto oder ein Moped, hören Sie es schon von weitem. Filérimos heißt übersetzt: Freund der Einsamkeit. Angeblich trägt der Berg diesen Namen schon seit dem Mittelalter, als ein Eremit sich dort niederließ.

Die Gebäude und Ruinen auf dem Filérimos-Berg stammen aus drei Jahrtausenden. Am besten erhalten wirkt das Kloster aus dem 10. Jh. Italienische Archäologen haben es vor dem Zweiten Weltkrieg auf den Ruinen der alten Gebäude wieder aufgebaut. Die von den Italienern ebenfalls rekonstruierte Klosterkirche, ein Bau der Kreuzritter aus dem 15. Jh., wird heute noch gern als Ort für romantische Hochzeiten und Taufen genutzt.

Auf den ersten Blick kaum zu sehen ist das Kirchlein des *Ágios Geórgios Chostós*. Es ist ein gutes Stück in den Hang eingesenkt, wie der Beiname Chostós (vergraben, versteckt) schon sagt. Die Fresken darin zeigen Szenen aus dem Leben Christi (darunter den Verrat durch Judas, die Geißelung und Kreuzigung), aber auch kniende Ritter und das achtzackige Kreuz der Johanniter. Das Kirchlein ist allerdings nicht immer geöffnet.

Ganz oben auf dem Plateau stehen unmittelbar vor dem Kloster die Überreste eines kleinen Athenetempels aus dem 3./2. Jh. v. Chr., einer frühchristlichen Basilika samt erhaltenem Baptisterium und mehrerer Kapellen aus dem 15./16. Jh.

Beim Rundgang sieht man Reste der Mauern, die in byzantinischer Zeit errichtet wurden und das Gelände vor Angriffen schützen sollten. Für Johanniterritter, Türken und Italiener war der Filérimos-Berg ein strategisch wichtiger Punkt. Deshalb sind die Mauern mehrmals restauriert worden. Der Spaziergang lohnt sich aber vor allem wegen der Ausblicke auf die Küste und das Bergland im Südwesten, die man dabei genießen kann. Am Kiosk vor der Kasse gibt es Erfrischungsgetränke und den Likör *Sette Erbe*, der seinem Namen nach sieben Kräuter enthält. *Ausgrabungsstätten Di–Fr 8–18, Sa/So 8.30–15 Uhr, Eintritt 3 Euro, die anderen Wege sind frei zugänglich; 5 km ab Ialissós, keine Busverbindung*

Ialissós (Triánta) **[111 E2]**

Der Küstenort Triánta, der seit etwa 20 Jahren wieder seinen antiken Namen Ialissós trägt, ist mit seinen 10 000 Einwohnern fast schon zu einem Vorort von Rhodos-Stadt geworden. Entlang der Durchgangsstraße erscheint er reizlos; Touristenrestaurants, Bars und Diskos reihen sich hier aneinander. Biegt man jedoch an der Ampelkreuzung rechts zum Meer hin ab, gelangt man an einen überraschend guten Strand und zu einem der originellsten Lokale der Insel: dem *Windmill*, €€. Der gut Englisch sprechende Wirt Dimítris Mavrákis hat die Mühle liebevoll restauriert und wie ein volkskundliches Museum eingerichtet. Er serviert frisch zubereitete Salate, kleine Snacks und schmackhafte Vorspeisenplatten zum *oúzo* sowie allerlei Cocktails zu entspannender griechischer und klassischer Musik. Insider Tipp

Kallithéa-Thermen **[111 F3]**

Bis zum Zweiten Weltkrieg hatte Rhodos neben Sonne, Meer und Kultur noch eine Attraktion zu bieten: ein Thermalbad. Im feinen Kurpark Kallithéa an der Ostküste behandelten gut situierte Herrschaften ihr Rheuma und Krankheiten, über die man nicht sprach, wie etwa Nierenleiden oder chronische Verstopfung. Während des Kriegs wurde das Thermalbad bombardiert. Der größte Teil der Gebäude ist aber zumindest teilweise erhalten und wird zurzeit aufwändig restauriert. Die Bauten des italienischen Architekten Pietro Lombardi haben etwas Orientalisches: Die – zurzeit leider trockene – Quelle, aus der schwefelhaltiges Wasser sprudelte, ist von einem Kuppelbau umgeben. Durch die Fenster und Arkaden fällt warmes Sonnenlicht. Die Palmen rundherum geben einen Schuss Exotik dazu.

Wie der Kurpark in seinen besten Zeiten ausgesehen haben könnte, zeigt der Film »Urlaub auf Rhodos« aus der englischen Krimiserie »Die Abenteuer des Hercule Poirot«. Ein großer Teil des Eifersuchtsdramas mit tödlichem Ausgang wurde in den Thermen von Kallithéa gedreht.

Kremastí [111 E2]

Die Attraktion des Dorfs (7600 Ew.) an der Westküste ist die große, der Panagía Kremastí (der hängenden Muttergottes) geweihte Kirche, die von Rhodos-Stadt aus gleich am Ortseingang steht. Ihr Beiname wie auch der Name des Orts gehen auf eine Legende zurück. An einem Olivenbaum, so erzählt man sich, hing eines Tages eine Ikone der Muttergottes, und genau an dieser Stelle hat man ihr eine Kirche gebaut. Die Ikone ist auf jeden Fall sehenswert.

Kremastí ist der einzige Ort auf Rhodos, in dem am Rosenmontag ein Karnevalsumzug veranstaltet wird. Narren in bunten Kostümen – die meisten sind Kinder – ziehen dann durch das Städtchen.

Sími [0]

★ Als überall in Griechenland dem »Fortschritt« zuliebe pittoreske alte Häuser abgerissen und dann durch gesichtslose Betonklötze ersetzt wurden, haben die 2600 Bewohner der Insel Sími stattdessen ihre alten Häuser in Stand gesetzt oder neue gebaut, die zu den anderen passen. Aus dieser klugen Zurückhaltung schlagen sie heute Kapital: Sími gilt als eine der malerischsten Inseln der Ägäis. Entsprechend beliebt sind die Tagesausflüge zu dem Inselchen, das nach zwei Stunden Bootsfahrt als ein pastelliges Etwas aus dem Meer auftaucht. In der Hochsaison legt

Schwarze Kunst

Wer Kaffee trinkt, kann mehr über seine Zukunft erfahren

Wundern Sie sich nicht, wenn jemand die ausgetrunkene Kaffeetasse umgekehrt auf die Untertasse stellt. Dann sitzt wohl eine Frau mit am Tisch, die den Kaffeesatz deutet. Aus den Furchen, die die heruntergelaufene zähflüssige Brühe in die schwarze Schicht an der Innenwand der Tasse gegraben hat, liest sie ab, was die Person, die daraus getrunken hat, in Zukunft zu erwarten hat – und auf Rhodos glauben noch sehr viele an diese Prophezeiungen. Es gibt sogar Frauen, die sich mit dem »Kaffee-Lesen« und anderen Formen der Wahrsagerei ihren Lebensunterhalt verdienen.

Auf der Insel Sími wurden die alten Häuser liebevoll restauriert

zwischen 11 und 15 Uhr ein Boot nach dem anderen an. Attraktionen von Sími sind das große Kloster Panormítis, der obere Teil des Hauptorts, von dem man einen sehr schönen Blick auf den Hafen hat, und der kleine Badestrand Pédi. Wer sich spontan entschließt, in Sími zu übernachten, braucht nur auf seinem Schiff Bescheid zu sagen und kann dann in einem der Hotels und Reisebüros am Hafen nach einem Zimmer fragen. Abends, wenn die Tagestouristen fort sind, wird es idyllisch; auch eine Wanderung ins Innere lohnt sich. Besonders empfehlenswertes Hotel: Nireus *(40 Zi., am Uhrturm, Tel. 22 46 07 24 00, Fax 22 46 07 24 04, €€)*. Gut speisen können Sie in der traditionellen Taverne *Meraklís in der Südwestecke des Hafens, €. Tgl. Boote vom Mandráki-Hafen, ohne Vorbuchung; alle Reisebüros organisieren Ausflüge; mehrmals täglich verkehren Linienschiffe*

Soroní **[110 C3]**

Das »rote Dorf« an der Westküste – angeblich wählen über ein Drittel der Bewohner kommunistische Parteien – ist vor allem wegen der Wallfahrtskirche des heiligen Sýlla bekannt. Sie liegt etwa 4 km von Soroní entfernt an der Straße nach Eleoússa in reizvoller Waldlandschaft. Am 30. Juli wird der Namenstag des Schutzheiligen gefeiert – und am Tag davor ein großes Volksfest mit reichlich Essen, Tanz und einem Eselwettrennen.

Tílos **[0]**

Die Miniinsel (500 Ew.) hat wenige, aber treue Bewunderer, die hier »die Seele baumeln lassen«. Wer Trubel braucht, sollte Tílos meiden. Es gibt kaum Bars und nur eine bescheidene Disko, dafür aber schöne, leere Strände. Hauptsehenswürdigkeiten sind das mittelalterliche Kloster *Ágios Panteleímonas*, die Kreuzritterburg von *Megálo Chorió* und das menschenleere Geisterdorf *Mikró Chorió*, das nur nachts zwischen 0 und 5 Uhr zum Leben erwacht, wenn im Hochsommer eine Musikbar unterm Sternenhimmel geöffnet ist. Unterkünfte vermittelt ein Kiosk am Hafen.

Insider Tipp

Im Zauber der mythischen Landschaft

Ein riesiges Freilichtmuseum mediterraner Kultur, dazu Badefreuden an der Ostküste und stille Dörfer im Hinterland

Eine mittelalterliche Burg auf einem Felsen, darunter, an den Berg geschmiegt, schneeweiße, niedrige Häuser. Kein Beton, keine Autos. Ein Bild wie aus einer anderen Zeit – und deshalb ist der 800-Einwohner-Ort Líndos, den die griechische Regierung schon vor Jahren unter Denkmalschutz gestellt hat, eine der großen Attraktionen nicht nur von Rhodos, sondern von ganz Griechenland. Leider, möchte man manchmal sagen und ein großes Schild »Wegen Überfüllung geschlossen« an den Ortseingang stellen. Von April bis Oktober schieben sich die Menschen an den historischen Häusern vorbei, wie man es sonst nur in Kaufhäusern während des Schlussverkaufs sieht.

Kommen Sie mit dem Auto oder Moped aus Richtung Rhodos-Stadt nach Líndos, fahren Sie an der Straßengabelung hinter Kálathos geradeaus weiter, vorbei an den Hotels in der Vlíchabucht und an steinigen Berghängen. Den ersten und zugleich schönsten Blick auf Líndos haben Sie hinter einer Kurve auf dem letzten Stück des Wegs. Es lohnt sich, anzuhalten und die Aussicht auf Burg, Häuser und Strand zu genießen. Meist stehen dort aber schon ein paar Autos oder ein Reisebus, davor ein Pulk fotografierender Menschen. Líndos ist schon längst kein Geheimtipp mehr.

Die Säulen der Akropolis von Líndos, Zeugen vergangener Pracht

Nach Süden hin wird die Insel karger und rauer, wie es typisch ist für die Ägäis. Im Sommer herrschen staubige Erdfarben vor, hartes, weißliches Licht, schwarze Schatten. Eine Landschaft, die fasziniert, aber nur wenige zum Bleiben verlockt. So ist das Dreieck Gennádi – Kattaviá – Apolakkiá fast noch touristisches Neuland.

APOLAKKIÁ

[112 B3] Die Küste zwischen Apolakkiá und Kattaviá ist ein Stück wilde Landschaft: lange, oft leere Strände, Dünen, niedriges Gestrüpp auf steinigem Boden, nirgendwo ein Dorf, das zu einer Rast einlädt –

hier ist fast noch touristisches Niemandsland: der richtige Ausflug für Menschen, die mit Meer und Landschaft allein sein wollen und gern auf Komfort verzichten.

Das nach rhodischen Maßstäben relativ große Binnendorf Apolakkiá (600 Ew.) wird erst in den letzten Jahren vom Massentourismus entdeckt. Der Alltag geht hier noch seinen beschaulichen Gang. Die Menschen bestreiten ihren Lebensunterhalt überwiegend aus dem Anbau von Getreide sowie von Wasser- und Honigmelonen.

SEHENSWERTES

Insider Tipp

Ágios Geórgios Várdas

Das einschiffige Kirchlein liegt rund 4 km nördlich von Apolakkiá auf einer Lichtung. Sie folgen der Straße Richtung Gennádi bis zum Ortsende und fahren dort gleich beim ersten Wegweiser mit der Aufschrift »Dam« nach links (der Weg führt zu einem Staudamm). Nach etwa 2 km überqueren Sie eine Brücke, und kurz darauf zweigen Sie in einen Feldweg nach links ab. 300 m weiter halten Sie sich vor einer weiteren Brücke scharf rechts und biegen nach weiteren 200 m in einen Feldweg nach links oben ab. Ab da sind es nur noch knapp 100 m, bis die Kapelle rechts vor Ihnen liegt. Die Strecke ist auch als Wanderung zu empfehlen, besonders im Frühjahr, wenn die Insel grün ist. Die Fresken in der Kirche stammen, wie der Bau selbst, aus dem späten 13. Jh. Zu sehen sind Szenen aus dem Leben Christi, außerdem die Muttergottes und mehrere Heilige, darunter der heilige Georg, dem die Kirche geweiht ist.

ÜBERNACHTEN

Hotel Amalía

★ Ideales Haus für motorisierte Urlauber, die ein sehr preiswertes Hotel in ländlicher Umgebung suchen. Alle 18 Zimmer haben Balkon, ein kleiner Pool ist auch vorhanden. *Am Dorfplatz, Tel. 22 44 06 13 65, Fax 22 44 06 13 77,* €

ZIELE IN DER UMGEBUNG

Atáviros [112 C1]

Wer Rhodos' höchsten Berg (1215 m) besteigt, wird mit ganz wunderbaren Ausblicken auf die gesamte Insel belohnt, und bei gutem Wetter soll man am Horizont sogar Kreta erkennen können. Der Aufstieg vom Bergdorf *Émbonas* dauert mit Pausen rund vier Stunden. Wanderkleidung tragen (lange Hosen, feste Schuhe, Sonnenhut) und Verpflegung mitnehmen – Trinkwasser nicht vergessen! Markierungen gibt es nicht. Auf keinen Fall allein auf den Weg machen! Es sollen schon mehrmals Bergwanderer verunglückt sein. An bewölkten Tagen ist der Aufstieg zu gefährlich, weil weiter oben dann dichter Nebel ist. Am schönsten ist die Tour im Frühling, wenn die Wiesen blühen.

Émbonas [110 B5]

Das große Dorf (1200 Ew.) am Westhang des Atáviros war einmal eines der ursprünglichsten der Insel. Die Menschen lebten vom Weinanbau, von der Viehzucht und der Handweberei. Winzer und Bauern sind sie geblieben, doch die Ursprünglichkeit ging durch viele (zum Teil bis heute unvollendete) Neubauten verloren. Man muss

Émbonas nicht mehr unbedingt gesehen haben. Wer dennoch kommt, kann eine der Weinkellereien entlang der Hauptstraße besichtigen – es muss ja nicht unbedingt die hochmoderne Kellerei Emery sein, die von Busgruppen besucht wird. Da verkostet man den Wein in betonierter Fabrikumgebung; in den kleineren Kellereien geht es wesentlich gemütlicher zu. Gut essen können Sie in der *Metzgereitaverne* der Gebrüder Bákis im Dorfzentrum *(ausgeschildert, €)*.

Wer am nächsten Morgen den Atáviros besteigen möchte oder abseits des Massentourismus übernachten will, wohnt sehr preiswert und bequem in der *Pension Atáviros-Vassilía,* die am oberen Teil der Hauptstraße liegt *(14 Zi., Tel./Fax 22 44 04 12 35, €)* und die auch eine hauseigene Taverne hat.

Im Zentrum des Dorfs wurde ein sehr interessantes *volkskundliches Museum* eingerichtet, das allerdings meist wegen Personalmangel geschlossen ist. Wenn es offen ist, lohnt sich ein Besuch *(Wegweiser im Dorfzentrum beachten)*.

Kattaviá **[112 B5]**

Das südlichste Dorf der Insel liegt in einer weiten, im Hochsommer steppenhaft wirkenden Ebene, in der die Italiener im Zweiten Weltkrieg einen Feldflughafen angelegt hatten und in der heute wieder vor allem Getreide und Melonen angebaut werden. Die Atmosphäre in dem verschlafenen Dorf erscheint schon fast nordafrikanisch. Die Tavernen am schattigen Dorfplatz leben fast nur von Urlaubern auf der Inselrundfahrt. Unterkunft bietet das Hotel Prassoníssi Club *(17 Zi., Tel. 22 44 09 12 31, €€€)*. Als beste Taverne im Dorf zu empfehlen ist *Martina's Restaurant, Tel. 22 44 09 10 21, €,* schräg gegenüber der Shell-Tankstelle nahe dem Dorfplatz. Hier wird man mit unerwarteten Gaumengenüssen im tiefsten Inselsüden überrascht, z. B. Landhuhn in Orangensauce oder ungewöhnlichen Nudelvariationen.

Mesanagrós **[112 B4]** Insider Tipp

Hier müssen die Uhren irgendwann kurz nach dem Ende des Zweiten Weltkriegs stehen geblieben sein.

Marco Polo Highlights »Líndos und der Süden«

★ **Akropolis von Líndos**
Die Postkartensäulen der Insel – mit prächtigen Ausblicken auf das weite Meer (Seite 54)

★ **Asklipíon (Asklipeion)**
Ein idyllisches Dorf mit Burgruine und freskengeschmückter Kirche (Seite 60)

★ **Hotel Amalía**
Geld sparen und im Bergdorf Apolakkiá unter Bauern wohnen (Seite 50)

★ **The Old Monólithos**
Die preiswerte Taverne in Monólithos liegt abseits des Massentourismus (Seite 53)

Die rund 30 Bewohner des Dorfs in den Koukoúliari-Bergen leben noch in den traditionellen Ein-Zimmer-Häusern. In den steilen Gassen passen höchstens zwei bepackte Esel nebeneinander.

Junge Menschen sind hier kaum noch zu sehen, die meisten sind nach Rhodos-Stadt oder in eines der aufstrebenden Ferienparadiese an der Ostküste gezogen. Geblieben sind die Alten, und die freuen sich über jeden, der ein bisschen Zeit mitbringt und sich zu einem Plausch bei einem Tässchen *métrio* ins Kafeníon setzt. Die Dorfkirche von Mesanagrós ist Mariä Entschlafung *(Kímissi tis Theotóku)* geweiht und steht auf den Ruinen eines Gotteshauses aus frühchristlicher Zeit. Man kann die Reste antiker Säulen noch gut erkennen. Die Fresken sind allerdings nur schlecht erhalten. Nur noch zweimal im Jahr findet ein Gottesdienst statt – am 15. und 23. August, wenn Mariä Entschlafung gefeiert wird. Falls Sie die Kirche besichtigen möchten – den Schlüssel gibts im Insider Tipp *Kafeníon O Mike (€)*. Dort können Sie bei freundlichen Wirtsleuten unter Anteilnahme einiger eigentlich ständig anwesender Dorfbewohner auch leckere Kleinigkeiten wie griechischen Bauernsalat oder Omelett essen.

Etwa 3,5 km südlich, an der Straße nach Lachaniá, liegt das Kirchlein des *Ágios Thomás.* Sein großer Festtag ist der »Thomas-Sonntag«, der auf den Ostersonntag folgt. Am Tag davor wird unter den alten Zypressen vor der Kirche ein viel besuchtes Volksfest gefeiert.

Monólithos **[112 A2]**

Wie ein riesenhafter steinerner Finger steht der 240 m hohe »Einzelne Felsen« (so die Übersetzung des Namens) in der Landschaft. Auf dem Plateau hatten die Johanniter, vermutlich im 15. Jh., eine Burg *(ständig frei zugänglich)* gebaut. Erhalten sind nur die Mauern, eine dem heiligen Georg geweihte, heute weiß gekalkte Kapelle und ein paar Gebäudereste. Der Aufstieg führt über schmale, steinerne Stufen. Sie kommen am besten kurz vor Sonnenuntergang und genießen den Blick über das Meer. Zu sehen sind im Süden Kap Foúrni, im Nordwesten Kap Armenistís und, weit im Meer, die Insel Chálki.

Auf dem Felskegel Monólithos stehen Reste einer Johanniterburg

Insider Tipp

Am Kap Foúrni liegen zwei wenig besuchte Kiesstrände, zu denen eine Asphaltstraße an der Burg vorbei hinunterführt. Kurz bevor diese Straße am zweiten der beiden Strände endet, ist rechts auf einem Felsblock ein antikes Relief zu erkennen. Es zeigt den Fährmann Cháron, der mit seinem Boot die Seelen der Toten über den Fluss Acheron in die Unterwelt bringt. Auf der felsigen Halbinsel dahinter sind zahlreiche Gräber aus hellenistischer, römischer und frühchristlicher Zeit zu entdecken; ein Pfad führt zu einer frühchristlichen Höhlenkapelle. *Frei zugänglich*

Im Dorf *Monólithos* (330 Ew.) können Sie in der *Taverne* ★ *The Old Monólithos an der Dorfkirche, Tel. 22 46 06 12 76, €,* ausgezeichnet essen. Die Wirtsleute Manólis und Déspina, die lange in Kapstadt lebten und gut Englisch und Afrikaans sprechen, verwenden nur frische Ware und kochen bevorzugt regionale Gerichte der Saison wie gefüllte Zucchiniblüten zwischen Mai und August oder Schnecken nach Regenfällen.

Übernachten können Sie auch im Ort: im kleinen, absolut ruhig gelegenen *Hotel Thomás, 10 Zi., 100 m von der Dorfkirche im Ortszentrum, Tel. 22 46 06 12 47 und 22 46 06 12 91, €.*

Prassoníssi **[112 B6]**

Prassoníssi ist eigentlich nur der Name einer kleinen, unbewohnten Insel vor der Südspitze von Rhodos. Inzwischen überträgt man deren Namen aber auch auf den mehrere hundert Meter breiten und einige Kilometer langen Sandstrand an der Südspitze selbst. Da er sowohl nach Westen als auch nach Osten hin ausgerichtet ist, bietet er Windsurfern ideale Voraussetzungen. Die meisten bringen Boards mit, obwohl es hier auch zwei Surfschulen gibt. Wer kein freies Zimmer findet, kampiert wild in den Dünen. Die Abfälle der Strandbesucher, angeschwemmtes Strandgut sowie Teerklumpen machen Prassoníssi allerdings trotz seiner landschaftlichen Schönheit nicht gerade zu einem Badeparadies. Trotzdem gehts bergauf. Es gibt inzwischen zwei Pensionen und drei Tavernen. Mehr werden bald hinzukommen. Besonders empfehlenswert ist die Taverne *Lighthouse* mit Ziegenkoteletts und hausgemachten Schweinsbratwürsten als Spezialitäten und einem jungen schweizerisch-griechischen Wirtsehepaar, das auch 28 Zimmer und sieben Studios vermietet *(Tel. 22 44 09 10 30, Fax 22 44 09 19 13, €).*

Siána **[112 B2]**

Das kleine Dorf am Akramítis-Berg hat vom Tourismus noch wenig mitbekommen. Die Reisegruppen, die auf ihrer Inselrundfahrt dort Pause machen, bleiben gerade so lange, wie man braucht, um zu essen, einen Kaffee zu trinken und einen Rundgang durch die steilen, engen Gassen zu machen. Kunsthistorisch Interessierten bietet das Dorf eine – im Verhältnis zur Größe des Orts – riesige, dem heiligen Panteléimon geweihte Kirche aus dem späten 19. Jh. und, auf einer Anhöhe oberhalb des Orts, die Ruine einer Burg der Johanniterritter. Für zwei kulinarische Spezialitäten, die es allerdings auch anderswo gibt, ist Siána auf der ganzen Insel bekannt. Die eine ist ein besonders cremiger Joghurt, den man norma-

Die Kirche von Siána

lerweise mit Honig genießt, die andere der Tresterschnaps *soúma,* der einem sehr einfachen italienischen Grappa gleicht. Urigstes Kafeníon im Ort ist der *Mini Market* am oberen Rand des Kirchplatzes, der zugleich auch Gemischtwarenhandlung ist. Das schönste Kafeníon liegt am oberen Rand der Durchgangsstraße Richtung Rhodos-Stadt und heißt *To Palikári,* €). Die Österreicherin Astrid Satzinger-Vitzthum serviert hier auf einer kleinen Terrasse unter einem weißen Maulbeerbaum hausgemachten Kartoffelsalat, griechische Bratwurst und andere Kleinigkeiten zu Espresso, *soúma* und offenem Hauswein.

Insider Tipp

Skiádi-Kloster **[112 B4]**
Das von Mönchen aus Thári betreute Kloster im Südwesten ist berühmt, weil dort die Ikone der Panagía (Muttergottes) Skiadiní aufbewahrt wird, die als die wertvollste von Rhodos gilt. Zu erreichen ist das Kloster von der Küstenstraße aus. Es wurde bereits im 14. Jh. gegründet. Die kleine Klosterkirche hat man im 19. Jh. als Altarraum in die neue, große Kirche eingebaut. Die berühmte Ikone an der Ikonostase ist nicht zu übersehen: Vergoldetes und getriebenes Silberblech bedeckt die Figuren der Muttergottes und des Jesuskinds bis auf Gesicht und Hals. In den Wochen vor Ostern wird sie nach einem genau festgelegten Plan für jeweils einen oder mehrere Tage in die Dörfer der Umgebung und auf die Nachbarinsel Chálki gebracht. Da die Ikone als wundertätig gilt, kommen das ganze Jahr über Pilger, meist Frauen, zum Kloster.

LÍNDOS

[113 F3] In den Ortskern von Líndos führt die Odós Akropóleos, die für die Bezeichnung Straße ein gutes Stück zu schmal ausgefallen ist. Reisebüros, Cafés und Souvenirläden säumen die paar Schritte Weg bis zum Esel- und Muli-Parkplatz auf der rechten Seite. Kurz darauf ist die Marienkirche erreicht, Wegweiser führen von hier auf die Akropolis hinauf.

SEHENSWERTES

Akropolis von Líndos
★ Der Burgberg von Líndos bietet auf engem Raum einen Quer-

schnitt durch die Geschichte der Insel: Aus allen wichtigen Zeitabschnitten sind dort Zeugnisse gefunden worden – vom Feuersteinwerkzeug aus der Jungsteinzeit bis hin zu der wuchtigen Kreuzritterfestung, hinter deren Mauern alles andere verschwindet. Die antiken Bauten sind erst zu Beginn des 20. Jhs. von dänischen Archäologen wieder ans Tageslicht gebracht worden. Wenn Sie zu Fuß gehen, folgen Sie einfach den Schildern durch den Ort. Nach ungefähr einem Drittel des Wegs kommen Sie an der Kirche der Muttergottes vorbei. Mit Eseln wird man auf einer anderen, etwas längeren Strecke ans Ziel gebracht.

Der Berg steigt von Norden nach Süden stufenweise an, sodass vier Plateaus entstanden sind. Gleich auf dem ersten können Sie eine Verschnaufpause machen und den Blick auf den Strand genießen. Zu sehen sind außerdem die Öffnungen von drei Zisternen, ein Turm aus byzantinischer Zeit und mehrere Säulenbasen mit Inschriften. Sie gehörten zu den Statuen, die vermögende Bürger einst für das Heiligtum der Athena Lindia stifteten. Es gibt einen ziemlich sicheren Hinweis darauf, was aus diesen Statuen geworden ist: 42 v. Chr. ließ der römische Admiral und Politiker Cassius – er war später an der Ermordung Cäsars beteiligt – 3000 Statuen von Rhodos nach Rom schaffen; die meisten von ihnen kamen aus Líndos.

In den Felsen ist das Relief eines Schiffs eingearbeitet – eine Reverenz der Einwohner von Líndos an einen erfolgreichen General aus ihrer Stadt, der im 2. Jh. v. Chr. gelebt hat.

Der wohl anstrengendste Teil des Wegs ist die »Besteigung« der Johanniterfestung. Besonders im Sommer sehnt manch ein müder Wanderer das Ende der steinernen Treppe herbei. Endlich oben angekommen, gehen Sie durch das ge-

Per Esel lässt sich der steile Weg zur Akropolis von Líndos besser bewältigen

wölbte Eingangstor und befinden sich nach ein paar Schritten scheinbar mitten im Altertum: an den Wänden antike Altäre und die Sockel von Denkmälern, draußen eine Mauer und darauf ein paar Säulen – die Reste einer Säulenhalle aus hellenistischer Zeit, die sich mit 87 m Länge über die ganze Akropolis erstreckte.

Die schlanken dorischen Säulen des Athenetempels, der gerade aufwändig und langwierig restauriert wird, stehen ganz oben, auf dem vierten Plateau. Was erhalten ist, stammt aus dem 4. Jh. v. Chr. Mit rund 22 m Länge und 8 m Breite ist der Tempel relativ klein – aber antike Bauten, die so harmonisch in ihre natürliche Umgebung eingepasst sind, findet man sogar in Griechenland selten. In alle Richtungen ist die Aussicht frei, und ein Blick scheint schöner als der andere: im Süden die Ágios-Pávlos-Bucht mit der kleinen, dem Apostel geweihten Kapelle. Im Norden das Kap der Hafenbucht mit dem Grab des Kleóboulos, einem kleinen Rundmausoleum aus hellenistischer Zeit. Im Osten das Meer. Im Westen, gleich unterhalb des Bergs, die Dächer von Líndos. *Juli–Okt. Mo 12 bis 18.40, Di–So 8–18.40 Uhr, sonst Di–So 8.30–15 Uhr, Eintritt 6 Euro*

Im Hof eines Kapitänshauses

Kapitänshäuser

Architektonisch eine gelungene Mischung aus arabischen, byzantinischen, ägäischen und den Líndos eigenen Elementen – man sieht, wie weit die Seeleute im 17. Jh. gekommen sind auf ihren Reisen und wie viel Reichtum sie ansammeln konnten, ungehindert oder sogar gefördert von den türkischen Besatzern. Der natürliche Hafen von Líndos, in dem einst die Schiffe der reichen Kapitäne anlegten, ist heute wirtschaftlich bedeutungslos. Nur Yachten und Fischerboote schaukeln vor der Mole.

Der Hof eines Kapitänshauses ist – wie auch viele Kirchenvorplätze – fast immer mit einem *kochláki*-Mosaik aus schwarzen und weißen Kieseln ausgelegt – eine Technik, die sich bis in die Antike zurückverfolgen lässt. Beliebte Motive waren die rhodischen Wappentiere Hirsch und Hirschkuh und geometrische Muster. Gegenüber dem Eingang lag immer die *sála,* der größte Raum des Hauses. Dort schlief die ganze Familie, und dort wurden Gäste empfangen.

Die Wände der *sála* sind mit wertvollen bemalten Keramiktellern geschmückt. Die ältesten sind wohl Mitbringsel der Seeleute aus der Türkei, später sollen auch Töpfer aus Líndos die berühmten »lindischen Teller« hergestellt haben. Sie waren nicht als Essgeschirr, sondern als Wandschmuck gedacht und haben deshalb an der Rückseite eine Art Öse, durch die ein Nagel passt. In moderner Ausführung sind sie heute in jeder Keramikwerkstatt und in den Souvenirläden zu kaufen. Eine ganze Reihe der alten Häuser ist zu besichtigen. Viele werden auch als Ferienwohnungen vermietet.

Kleóboulos-Grab

Der Rundbau auf der Landzunge im Nordosten der Bucht von Líndos stammt wohl aus hellenistischer Zeit. Er hat einen Durchmesser von 9 m und ist ohne Mörtel aus sorgfältig behauenen Steinen zusammengefügt. Ein schmaler Pfad führt in etwa einer Stunde durch völlig unverbaute Natur dorthin. Er beginnt am Restaurant Palestra am Nordrand des Hauptstrands von Líndos und führt unterwegs auch an einer alten Windmühle vorbei.

Marienkirche

Ein Rundgang durch die Hauptkirche von Líndos lohnt sich vor allem wegen der über 80 Fresken – eigentlich ist das ganze Gotteshaus eine riesige religiöse Bildergeschichte. Die Kirche liegt mitten im Dorf. Der Fußweg zur Akropolis führt an ihr vorbei. Von oben sieht der Kuppelbau aus wie ein Kreuz. Der Altarraum erscheint im Grundriss als Ausbuchtung über dem Querbalken.

Erbaut wurde die Kirche im 15. Jh. Der Fußboden aus weißen und schwarzen Kieselsteinen zeigt ein einfaches Wellenmuster. Die Fresken schuf ein Maler von der Nachbarinsel Sími um 1799. Die ganze Westwand nimmt eine figurenreiche Darstellung des Jüngsten Gerichts ein. So wird die Gemeinde beim Verlassen der Kirche daran erinnert, mit welchen Wonnen sie für ein gottgefälliges Leben belohnt werden wird und welche Strafen Sünder zu befürchten haben. Die Längswände des Kirchenschiffs sind in vier Register – also Bilderstreifen – unterteilt. Ganz unten sind Heilige zu sehen, darunter auch ein hl. Christophorus mit Hundekopf. In der Reihe darüber wird der Akathist-Hymnus illustriert, ein liturgischer Gesang aus dem 6. Jh. In seinen 24 Strophen wird die Muttergottes verherrlicht.

In der Reihe darüber sind die 20 höchsten Kirchenfeste dargestellt. Dazu gehören z. B. die Erweckung des Lazarus von den Toten, Jesu Einzug in Jerusalem, Jesu Kreuzigung und Auferstehung und das Pfingstwunder.

Besonders reizvoll und auch für den Laien leicht zu verstehen sind die Illustrationen der biblischen Schöpfungsgeschichte im obersten Bilderstreifen. Da sehen Sie, wie Gott die Welt, die Tiere und als ersten Menschen Adam erschafft und wie Eva aus einer Rippe Adams entspringt.

Zur Kirche gehört auch ein kleines Museum, das aber nur bei speziellem Interesse an liturgischen Gewändern oder alten Büchern einen Besuch lohnt.

Theater

Am Fuß des Akropolisfelsens liegt frei zugänglich, was vom Theater der antiken Stadt übrig blieb. 27 steinerne Sitzreihen sind noch zu erkennen. Es wurde im 4. Jh. v. Chr. erbaut und bot etwa 2000 Zuschauern Platz.

ESSEN & TRINKEN

Zumindest das Essen ist in Líndos immer etwas teurer als anderswo – dafür sind die Restaurants stilvoller eingerichtet, und meist schmeckt es dort auch. Den Speisekarten merkt man an, dass Líndos eher eine englische als eine deutsche Urlauberhochburg ist. Originalität ist leider keine Stärke der Gastronomen und Barbesitzer von Líndos. Jedes Jahr folgen beinahe alle irgendeinem Trend: Mal sind Restaurants mit Dachterrasse in, mal kleine Bars mit »original« Kochláki-Innenhof – und die Wahrscheinlichkeit, dass man sein Stammlokal im nächsten Urlaub wieder findet, ist in Líndos, von einigen quasi »sicheren« Adressen abgesehen, im Allgemeinen noch geringer als anderswo.

Archontiko Insider Tipp

Das stilvolle Lokal, in dem kreative griechische und mediterrane Küche auf den Tisch kommt, ist in einem alten Kapitänshaus aus dem Jahr 1605 untergebracht. Von den Dachterrassen haben Sie einen schönen Blick auf die Akropolis und das Meer. *Odós Apostólou Pávlou 488, Tel. 22 44 03 19 92,* **€€€**

Cyprus Tavern Timi's Place

In einem alten lindischen Haus servieren der zypriotische Wirt Efthímios und seine rhodische Frau drinnen und auf dem Dachgarten griechische und zypriotische Spezialitäten. *Odós Akropóleos, Tel. 22 44 03 15 39,* **€€**

Maria's Insider Tipp

Unprätentiöse, alteingesessene Taverne im oberen Ortsbereich ohne Ausblick, entschädigt dafür aber mit sehr guter griechischer Küche. *Odós Apostólou Pávlou, Tel. 22 44 03 13 75,* **€€**

Allabendliches Vergnügen auf Rhodos: essen unter freiem Himmel

Il Palazzetto
Italienisches Restaurant mit einer guten Auswahl an Pizzavariationen und Nudelgerichten; auch Außerhausverkauf zum Mitnehmen ins eigene Ferienhaus. *Am Parkplatz vor dem antiken Theater, Tel. 22 44 03 16 12,* €€

Symposion
Ein Gourmettempel in einem restaurierten alten Haus mitten im Ort. Serviert wird sehr gute griechische und internationale Küche. Spezialitäten: Steaks und erlesene Meeresfrüchte wie zum Beispiel Hummer, aber auch preiswertere Fleisch- und Fischgerichte. *Odós Apostólou Pávlou, Tel. 22 44 03 12 60,* €€€

EINKAUFEN

Überspitzt gesagt ist Líndos in der Sommersaison eine einzige große Einkaufspassage: Ob Modeschmuck, Silberfiligranarbeiten, Keramikartikel, Teppiche, grellbunte T-Shirts, Kleider im Folklorestil – das Angebot ist riesig, und man fragt sich, ob die zahllosen Läden, Lädchen und Buden rechts und links der engen Gassen dabei eigentlich auf ihre Kosten kommen. Seien Sie unbesorgt – an die 10 000 Menschen werden an manchen Tagen durch Líndos geschleust, und fast alle kaufen etwas, und sei es auch nur eine Kleinigkeit, weil der Einkaufsbummel in der stimmungsvollen Umgebung einfach so viel Spaß macht. Bei teuren Sachen sollten Sie allerdings überlegen, ob es nicht sinnvoll sein könnte, in Rhodos-Stadt danach Ausschau zu halten – dort ist manches billiger.

ÜBERNACHTEN

Es ist zwecklos, die restaurierten alten Häuser vorzustellen, die heute als Ferienwohnungen dienen: Sie sind fest in der Hand von Reiseveranstaltern und allenfalls in der Nebensaison für ein paar Tage zu mieten. Das aber lohnt. Nachfragen können Sie in Líndos bei folgenden Reisebüros: *Pallas Travel, Tel. 22 44 03 14 94, Fax 22 44 03 15 95; Savaidis Travel, Tel. 22 44 03 13 47, Fax 22 44 03 14 51, www.savaides-travel.gr*

Electra Insider Tipp
Eine Pension mit Garten, Terrasse und Gemeinschaftsküche. *11 Zi. mit und ohne Dusche/WC, an der Gasse zum Pállas-Strand, Tel. 22 44 03 12 66,* €€

Katholiki
Pension in einem 350 Jahre alten Haus mit schönem Innenhof und Dachterrasse. *7 Zi., Gasse zum Pállas-Strand, Tel. 22 44 03 14 45,* €€

Líndos Mare
Terrassenförmig über der Vlícha-Bucht angelegtes Großhotel mit Süßwasserpool, etwa 3 km von der Stadt Líndos entfernt. *123 Zi., Tel. 22 44 03 11 30, Fax 22 44 03 11 31, www.lindosmare.gr,* €€€

Líndos Village
Die Hotel- und Bungalowanlage an der Vlíchabucht 5 km nördlich von Líndos sieht von weitem aus wie die Miniaturausgabe eines alten, traditionsreichen Dorfs: weiße Häuschen, an einen Hügel geschmiegt, Bogengänge, zwei kleine Türme – eine Architektur, die das relativ gro-

ße Hotel in überschaubare Komplexe gliedert. Man kann den Aufenthalt zum All-inclusive-Preis buchen, bei dem alle Mahlzeiten und alle lokalen alkoholfreien und alkoholischen Getränke im Preis inbegriffen sind. *186 Zi., Tel. 22 44 03 20 00, Fax 22 44 03 10 62,* **€€€**

FREIZEIT & STRÄNDE

Die beiden Sandstrände an der Líndos Bay sind nicht nur während der Hauptsaison sehr gut besucht. Ruhiger geht es an den beiden kleinen Kiesstränden an der Paulus-Bucht zu. Wasserskifahren und Paragliding werden an der Líndos Bay (Station hinter dem Anleger der Ausflugsboote) und am 4 km entfernten Vlícha-Strand angeboten.

AM ABEND

Bis Mitternacht sind die engen Gassen voller Leben, in vielen Souvenirläden wird noch verkauft, aus den zahlreichen Bars tönt Musik. Danach schweigen die Musikboxen, und nur geräuscharme Vergnügungen sind noch gestattet. Die Bewohner von Líndos brauchen ihren Schlaf. Am nächsten Morgen ab 8 Uhr geht der Rummel (und das Geldverdienen) wieder los. Wer nach Mitternacht noch tanzen möchte, braucht aber nur ein paar Schritte zu laufen – Richtung Strand nämlich. Von da klingt einem die Musik schon lautstark entgegen.

Akropolis

Haben Sie schon einmal im Freien, unter einer Pergola, zu heißen Rhythmen getanzt? In dieser Disko, die auch bei der Jugend aus Líndos und Umgebung beliebt ist, können Sie es ausprobieren. Sie liegt an der Straße zum Strand, gleich neben einem Restaurant, das ebenfalls Akropolis heißt. Für die nötigen Ruhepausen zwischen den Tänzen haben Sie drei Bars zur Auswahl. *Odós Kleovoúlou, Tel. 22 44 03 13 91,* **€€**

Líndos by night

Bar auf drei Etagen, von deren Dachterrasse aus Sie einen besonders schönen Blick über die Dächer des Dorfs, auf die Akropolis und auf das Meer haben. *An der gleichen Gasse wie das Postamt, Tel. 22 44 03 14 63,* **€€**

ZIELE IN DER UMGEBUNG

Asklipión (Asklipeion) **[113 D3]**

★ Das Dörfchen im Innern der Insel (250 Ew.) wird von den Touristenströmen noch recht wenig berührt. Die »Attraktionen« sind die Ruinen einer Burg der Johanniterritter und die byzantinische Kirche der Entschlafung Mariä *(Kímissi tis Theotókou).* Von der Burg, die wahrscheinlich aus dem 15. Jh. stammt, hat man einen schönen Blick auf das Dorf. Die Marienkirche wurde im 13. oder 14. Jh. erbaut, später kamen Anbauten dazu. Im 17. Jh. wurde die ganze Kirche mit Fresken ausgemalt, die zum Teil Anfang des 20. Jhs. restauriert wurden. Neben Darstellungen aus dem Leben Jesu Christi und der Muttergottes sieht man Szenen aus der Offenbarung des Johannes (Apokalypse), die sonst nur selten zu finden sind. Dargestellt sind hier zum Beispiel die apokalyptischen Reiter und der aus der Tiefe der Erde aufsteigende

Blick ins Innere der orthodoxen Marienkirche von Asklipión

Antichrist. Besonders prächtig ist die Ikonostase. In der Nähe der Kirche lohnen zwei kleine Museen den Besuch: einmal das Sakralmuseum mit Ikonen und alten Evangeliaren, zum anderen das volkskundliche Museum mit einer interessanten Sammlung landwirtschaftlicher Geräte *(beide tgl. 9–17 Uhr, Eintritt 1 Euro).*

Wer nachts einmal die Ruhe eines rhodischen Bergdorfs genießen möchte, der kann in Asklipión auch übernachten. Über der Taverne Agapitos oberhalb der Kirche werden fünf einfache, aber sehr saubere Zimmer zu einem günstigen Preis vermietet, die sich gut für eine Zwischenübernachtung eignen *(Tel. 22 44 04 72 55, €).*

ider pp

Gennádi(on) **[113 D4]**

Kurz vor Gennádi endet vorläufig noch die boomende Hotelbebauung der Ostküste. Der Ort ist noch halbwegs ursprünglich, bietet aber dennoch etliche Tavernen und Bars. Hier kann man auch in drei modernisierten traditionellen Bauernhäusern wohnen *(Vermittlung: H. Räth/H. Rosenhagen, Beim Grafeneckhardt 10, 97070 Würzburg, Tel. 0931/132 93, Fax 57 30 12).*

Glístra-Strand **[113 E3]**

Der von der Küstenstraße aus gut zu sehende Sandstrand zwischen Lárdos und Kiotári hat die Form einer Sichel und ist noch völlig unverbaut.

Ipsenís **[113 D3]**

Eines gleich vorweg: Das kleine weiße Kloster westlich von Lárdos ist keine Sehenswürdigkeit. Es wurde im 19. Jh. gegründet, der Glockenturm stammt aus den 1960er-Jahren. Der Ausflug lohnt sich aber schon wegen des Wegs dorthin, der durch Olivenhaine und Kiefernwälder führt. Die Nonnen sind gastfreundlich, die Umgebung des Klosters strahlt tiefen Frieden aus. Besonders intensiv genießen Sie ihn, wenn Sie den Pilgerweg mit den Kreuzwegstationen auf den kleinen Hügel neben dem Kloster hinaufsteigen. Zum Kloster gehört außerdem ein Kinderheim, in dem die Nonnen Kinder aus osteuropäischen Ländern betreuen, die hier auf Einladung der orthodoxen Kirche ihre Ferien verbringen dürfen. Ein großes Fest wird alljährlich am 23. August beim Kloster gefeiert. Dann strömen hier bis zu 5000 Menschen zusammen. *Tgl. 8–12.30 und 16–18.30 Uhr*

Kiotári **[113 D3]**

Wenn Sie auf der Küstenstraße nach Süden fahren, erreichen Sie etwa 5,5 km nach der Abzweigung zur Ágios-Vassílios-Kirche eine Kreuzung; dort geht es links herum die kleinere Straße entlang in das rhodische All-inclusive-Zentrum mit seinem schönen, langen Kieselstrand. Vor einigen Jahren war es hier noch fast paradiesisch ruhig. Damit ist es vorbei, seit auf dem Küstenabschnitt zwischen Lárdos und Kiotári einige große Hotels gebaut wurden.

Die Dorfkirche von Kiotári ist der Verklärung Christi *(Metamorphosis)* geweiht. In ihr wird jedes Jahr am 6. August ein großer Gottesdienst zelebriert. Sehr gut essen können Sie in Kiotári im Restaurant *Moúrella* am östlichen Teil der Uferstraße, *€€*.

Lachaniá **[112 C5]**

Das kleine, strandnahe Dorf ist als einziges an der Ostküste noch nicht vom Massentourismus erfasst worden. Mehrere seiner alten Häuser wurden von ständig hier lebenden Ausländern sehr einfühlsam restauriert, sodass die alte Dorfatmosphäre bestens erhalten blieb. Individualisten können in Privatzimmern und historischen Dorfhäusern wohnen. Auskunft darüber geben der Exbürgermeister, dem die Taverne *Horizon, Tel. 22 44 04 60 33, €,* an der Hauptstraße gehört, und der Dorfpriester, der Inhaber der gegenüberliegenden Taverne *Acropole chez Chrissis, Tel. 22 44 04 60 32, €,* ist. Eine der besten Inseltavernen liegt am Kirchplatz am Dorfrand: die Taverne *Plátanos, Tel. 22 44 04 60 27, €.*

Láerma **[113 D2]**

Das Dorf (450 Ew.) liegt fast genau in der Mitte der Insel zwischen Wäldern, Olivenhainen und Getreidefeldern. Sämtliche Dörfer in der Umgebung sind mindestens 11 km weit entfernt. Wegen des nahen Klosters Thári fahren täglich einige Dutzend Urlauber durch den Ort. Es lohnt sich aber auch, hier zu halten und im *Bella Vista Grill House* direkt an der Hauptstraße einen Kaffee oder einen sehr guten rhodischen Tresterschnaps, der *zoúma* genannt wird, zu probieren. Meist setzt sich der gastfreundliche Wirt Stérgos oder sein Sohn Geórgios zu den seltenen Gästen und erzählt von Vassílis, dem zweiten Sohn, der inzwischen schon seit über 30 Jahren in Friedrichshafen am Bodensee lebt.

Láerma ist ein »typisch griechisches« Dorf: Es gibt keine Souvenirläden für die Touristen – die kommen ja sowieso nur selten hierher. Sie werden hier auch keine Tavernen mit »traditional Greek food« finden – hier gibt es nur ein paar Kafenía, in denen man auch eine Kleinigkeit zu essen bestellen kann. In Richtung Asklipión liegt

Auf Rhodos findet man noch unverbaute Strände

eine schöne Wanderstrecke (etwa 11 km), die durch nahezu unberührte Landschaften führt.

Lárdos **[113 E3]**
In dieser Gegend kommt der inseltypische schwarze Granitstein besonders häufig vor. Deshalb heißt er genauso wie das kleine, sehr grüne und noch relativ intakte Dorf. Erst in den letzten Jahren sind hier Apartmenthäuser und kleine Hotels gebaut worden. Jetzt entstehen an den nahen Stränden auch Großhotels. In Lárdos werden sich Urlauber wohl fühlen, die als Gäste den griechischen Dorfalltag miterleben möchten – und nicht in erster Linie an Shopping interessiert sind. Um den Dorfplatz liegen Kafenía und Tavernen mit einfacher, guter Küche. Lárdos liegt etwa 2,5 km von zwei schönen Stränden entfernt. Übernachten kann man im Ort z. B. in dem einfachen Hotel *Fédra, 11 Zi., Tel. 22 44 04 42 18, Fax 22 44 04 41 74, €.*

Plimmíri **[112 C5]**
Der winzige Weiler ist der Hafen des Dorfs Lachaniá. Von hier erstreckt sich ein mehr als 1 km langer, meist menschenleerer Kiesstrand Richtung Süden. Eine Taverne nimmt heute einen Teil eines sehr einfachen, 1837 gegründeten Klosters ein. Für den Bau seiner gut erhaltenen Kirche wurden viele Teile einer großen frühchristlichen Basilika wieder verwendet. Außerdem nutzte man zum Kirchenbau auch Kapitelle antiker Säulen, die in unmittelbarer Umgebung von Plimmíri gefunden wurden. Sie belegen, dass es an dieser Stelle im Altertum einmal eine kleine Stadt gegeben haben muss.

Thári-Kloster **[113 D2]**
Das erst seit Anfang der 1990er-Jahre wieder von Mönchen bewohnte Kloster in einem Waldgebiet bei Láerma ist zum Zentrum der Wiederbelebung des monastischen Gedankens auf Rhodos geworden. Sein Abt, der früher als Missionar in Kenia tätig war, gilt insgeheim als Kandidat für das höchste Kirchenamt der Orthodoxie, das Patriarchat in Konstantinopel. Das Kloster gestaltet eigene Rundfunk- und Fernsehsendungen, betreut in seinen Ferienheimen Kinder aus aller Welt und entsendet sonntags Priester in Dorfkirchen, in denen sonst kein Gottesdienst

mehr stattfinden würde. Von den über 20 Fresken in der Kirche stammen einige aus dem frühen 14. Jh. Sie zeigen Heilige und Kirchenväter sowie Szenen aus dem Leben der Muttergottes und Christi, darunter zum Beispiel die Heilung des Blinden, des Lahmen und der Aussätzigen sowie das Abendmahl. Die Christusdarstellung im Altarraum ist in der orthodoxen Kirche selten: Christus wird thronend, als Weltbeherrscher dargestellt. Der viereckige Rahmen, der das Weltall symbolisiert, wird – auch das ist eine Seltenheit – von den vier Symbolen für die Evangelisten gehalten: Der Engel steht für Matthäus, der Adler für Johannes, der Löwe für Markus und der Stier für Lukas.

PÉFKI

[113 E3] Noch in den 1970er-Jahren gab es hier nur ein paar Sommerhäuser. Erst durch den Tourismus ist ein Dorf entstanden, das allerdings nur während der Saison lebendig ist. Péfki ist geeignet für einen Badeurlaub und als Standort für Ausflüge. Die größten Attraktionen sind der lange Sandstrand und die vielen kleinen Badebuchten. Rechts und links der relativ wenig befahrenen Straße von Líndos nach Lárdos entstehen immer mehr Apartmenthäuser, Hotels, Geschäfte, Restaurants und Snackbars. Die Einkaufszone ist noch nicht attraktiv genug für einen längeren Bummel, aber das Nachtleben macht sich langsam: So überbieten sich zum Beispiel die verschiedenen Hotels mit allen möglichen Partys, griechischen Abenden und *karaoke nights,* bei denen auch Gäste von außerhalb willkommen sind. Für Kontakte mit Einheimischen, die weder Kellner noch Souvenirverkäufer sind, bietet sich Péfki leider kaum an.

ESSEN & TRINKEN

Smile

Moderne Taverne mit großer Terrasse, griechische und internationale Küche. Fisch und Fleisch werden über Holzkohle gegrillt, das Gemüse stammt zum Teil aus eigenem Anbau. Spezielle Gerichte für Vegetarier und Kinder. *An der Straße zum Hauptstrand,* **€€**

Urlaubslektüre

Lesefreuden, die zudem die Insel verständlicher machen

Zwei Bücher sind als Urlaubslektüre für einen Aufenthalt auf Rhodos besonders empfehlenswert. Der berühmte britische Romancier Lawrence Durrell schildert in »Leuchtende Orangen« anschaulich seine Erlebnisse auf Rhodos kurz nach Kriegsende. Die Geschichte des Johanniterordens wird leicht verständlich von Ernle Bradford in seinem Sachbuch »Kreuz und Schwert« beschrieben.

Tsambíkos

Das Restaurant ist schon von weither zu sehen, denn es liegt mitten im Ort auf einem Hügel, hoch über allen Konkurrenten, die sich an der Straße und am Strand drängeln. Die Küche bietet griechische Speisen und internationale Spezialitäten von gefüllten Tomaten bis zum Filet Mignon, und das in dermaßen guter Qualität, dass im Sommer auf der großen Terrasse oft kaum noch ein Platz zu bekommen ist. Zum Essen wird eine reiche Auswahl griechischer Weine angeboten – und gratis dazu erhalten Sie einen weiten Blick über die Dächer von Péfki, das im Mondlicht geradezu verträumt wirkt. *Tel. 22 44 04 82 40,* **€€**

ÜBERNACHTEN

Insider Tipp **Illissio**

Der lang gestreckte, dreistöckige Neubau liegt, wenn man aus Líndos kommt, am Ende des Orts, etwas von der Straße zurückversetzt. Zum sauberen Strand, der an manchen Stellen allerdings steinig ist, sind es nur ein paar Schritte. In dem 1991 eröffneten Haus geht es trotz seiner Größe familiär zu. Abends sitzen die Besitzer Kóstas und Katerína Kóntos gern mit den Gästen an der Bar oder auf der Terrasse zusammen. Kóstas arbeitet vormittags immer noch als Lehrer (Griechisch, Geschichte) an einer Mittelschule in Rhodos-Stadt. Zur Auswahl stehen hier modern ausgestattete Zimmer, Miniapartments und Suiten, fast alle mit Balkon oder Terrasse und Blick aufs Meer. Es gibt eine Snackbar, ein Restaurant, einen Tennis- und einen Minigolfplatz sowie einen Pool mit Kinderbecken. *70 Zi., Tel. 22 44 04 81 50, Fax 22 44 04 81 48,* **€€**

Sunrise

Das 1998 eröffnete Hotel liegt direkt oberhalb eines kleinen, flach abfallenden Strands. Es bietet 62 in der Hauptsaison klimatisierte Zimmer und Apartments, die mit Kühlschrank und Fernsehgerät ausgestattet sind, ist aber nur mit Halbpension buchbar. Im schönen Garten gibt es einen Swimmingpool mit Kinderbecken und Poolbar. Ein Teil des Restaurants ist für Nichtraucher reserviert. Zur weiteren Ausstattung gehören ein Tennisplatz und ein kleiner Supermarkt. *Uferstraße, Tel. 22 44 04 83 11, Fax 22 44 04 83 45,* **€€€**

FREIZEIT & SPORT

Alle gängigen Wassersportarten werden angeboten, gute Fahrräder und Mountainbikes verliehen. Linienbusse verbinden Péfki mit Líndos, zweimal täglich fährt auch ein Glasbodenboot dorthin.

Wer nicht immer nur an den beiden langen und den vielen kleineren Buchten von Péfki baden möchte, kann die Strände Lárdos und Glístra auch zu Fuß ansteuern.

AM ABEND

Péfkos by Night

Von der Terrasse hat man einen schönen Blick auf Péfki. Es gibt auch einen klimatisierten Innenraum. Serviert werden Getränke und Snacks. Die Musik reicht von Evergreens der 1960er-Jahre bis zu den neuesten Hits aus den aktuellen Charts. *Im Ortszentrum*

Diskorausch und Blütenparadiese

Auf Rhodos kann jeder nach seiner eigenen Fasson selig werden. Man muss nur wissen, was wo zu finden ist

Das schöne Líndos und die faszinierende Stadt Rhodos muss man gesehen haben, sonst war man nicht wirklich auf der Insel. Sie gehören zum Pflichtprogramm. Für die Kür aber gibt es ein großes Reservoir an Möglichkeiten, aus dem sich jeder sein Tagesprogramm nach eigenem Geschmack zusammenstellen kann.

Was man unternimmt, wird immer auch ein wenig von der Jahreszeit abhängig sein. Im Frühjahr bedecken Blütenmeere große Teile des Inselinnern, während das Meer zum Baden den meisten wohl noch zu kühl sein dürfte. Im Frühsommer färbt blühender Ginster die Hänge in den höheren Lagen gelb, säumt blühender Oleander die Trockenbachtäler. Im Hochsommer sind die etwas kühleren Berg- und Binnendörfer besonders interessant. Dann kehrt wieder Leben in sie ein, weil all die Einheimischen, die sonst in der Stadt, in Athen oder gar im Ausland leben, für ein paar Ferienwochen in ihre angestammte Heimat zurückkehren und hier Kaffeehäuser und Tavernen bevölkern.

Bei Ladikó liegt die felsige Anthony-Quinn-Bucht

Mohnfeld in voller Blüte

Jetzt spielen wieder Kinder in den Gassen, steigt der Rauch der Grillkohle in den makellos blauen Himmel. Im Hochsommer ist auch das Partyleben besonders intensiv. Dann sind noch mehr Clubs und Diskotheken geöffnet, finden täglich Schaumpartys und Misswahlen statt, steht der Sling Shot in Faliráki kaum noch still.

Wer das nicht mag, kann allem entfliehen und sich zum Beispiel auf die Suche nach einsam gelegenen byzantinischen Kirchen begeben, die Stille der Klöster genießen, die Ruinen von Ritterfestungen erkunden – oder sich ganz einfach in den Schatten eines Orangen- oder Olivenbaums legen.

Nur eines ist schade: Viele der Dörfer im Landesinnern sind mit dem Linienbus nur selten, abgelegene Kirchen und Klöster gar nicht zu erreichen. Da braucht man dann ein Mietfahrzeug. Wer die kleinen Schotter- und Staubpisten im Inselinnern nutzen will, die auch die verstecktesten Ecken der Insel erschließen, sollte einen Jeep, eine Enduro oder ein Mountainbike wählen; damit lässt es sich besser kreuz und quer reisen.

AFÁNTOU

[111 E4] Der Name kommt von *áfanton* für unsichtbar. Tatsächlich ist das Dorf vom Meer aus nicht zu sehen. Das hat einen historischen Grund: Die antike Siedlung an der Küste wurde im 7. Jh. von Piraten zerstört. Um vor solchen Überfällen in Zukunft sicher zu sein, bauten sich die Überlebenden ein Stück landeinwärts neue Häuser. Das »unsichtbare Dorf« (5500 Ew.) ist auf den ersten Blick reichlich unscheinbar und daher auch nicht überlaufen. Statt touristischen Einerleis erleben Sie hier noch ländlichen Alltag. Zu Deutschland hat der Ort Afántou eine besondere Beziehung: In den 1960er-Jahren zog eine Hand voll Menschen aus Afántou in die nordrhein-westfälische Industriestadt Gummersbach. Heute sollen es mindestens 1000 Männer und Frauen aus Afántou sein, die dort wohnen – Grund genug für eine Städtepartnerschaft, die seit 1989 besteht, und einen Gummersbachplatz im Dorf.

MUSEUM

»Museum« ist vielleicht ein bisschen zu viel gesagt für die Ausstellung sakraler Gegenstände und weltlichen Kunstgewerbes aus byzantinischer Zeit direkt an der Kirche. *Tgl. 9–12 und 15–17 Uhr, Eintritt 1 Euro*

ESSEN & TRINKEN

Golfer
Esslokal und Café, das gegenüber dem Golfplatz an der Hauptstraße liegt. Hier bekommen Sie gute griechische Küche serviert. *Tel. 22 41 05 18 61,* **€€**

Sergio's Roof Garden
Italienisches Restaurant mit Dachgarten. Pizza und Pasta gelingen hier ausgezeichnet. *Im Zentrum an der Platía,* **€€**

EINKAUFEN

Ancient Art
Die Keramikwerkstatt hat sich auf die Herstellung von Vasen und Tellern spezialisiert, die in antikem Stil bemalt sind. Es gibt aber auch Gebrauchsgeschirr und die traditionellen rhodischen Wandteller in vielen verschiedenen Ausführungen zu kaufen. Ein alter Töpfer zeigt die Arbeit an einer fußbetriebenen Drehscheibe – schade nur, dass er das fertige Stück sofort wieder zerknetet, um für die nächste Vorführung einen Klumpen zu formen. *An der Küstenstraße Richtung Líndos*

ÜBERNACHTEN

Oásis
Eine Hotel- und Bungalowanlage, die etwas versteckt zwischen Schatten spendenden Bäumen liegt – allerdings fast 1 km vom Afántou-

Insider Tipp *9–15 Uhr)* und eine lauschige Taverne. Die Spaghetti des Wirts Theófilos, der die Taverne schon seit 1948 zusammen mit seiner Frau betreibt, sind Spitzenklasse: Das Rezept hat seine Mutter noch während der italienischen Besatzungszeit von einem italienischen Koch bekommen. Auch Marschall Tito hat sie einmal während eines Besuchs auf Rhodos genießen können.

Vom oberen Ausgang aus kann man etwa zehn Minuten bergan zum ehemaligen Kloster Kalópetra wandern, in dem eifrige Frauen ein einfaches Kafeníon betreiben und leckere *lukumádes,* Teigbällchen in Honig-Sesam-Sauce, servieren. Der Blick ist von der Klosterterrasse aus besonders schön. *Schmetterlingstal Juni–Sept. tgl. 8–19 Uhr, sonst bis Sonnenuntergang, Eintritt inkl. Museum Nov.–März 1 Euro, Mitte Juni–Sept. 3 Euro, sonst 2 Euro*

Psínthos **[111 D–E4]**

Ein grünes und auch heute noch sehr »griechisches« Dorf. Für die Rhodier ist Psínthos ein geschichtsträchtiger Ort: Hier siegten 1912 die Italiener über die Türken und brachten Rhodos unter ihre Gewalt. Es dauerte dann noch über 30 Jahre, bis die Insel griechisch wurde. In den Tavernen am Dorfplatz kann man gut essen. Es gibt auch Privatzimmer. Die Umgebung eignet sich zum Wandern und für Radtouren. Es gibt sehenswerte kleine Kirchen, vor allem in der Umgebung von Maritsá.

Insider Tipp **Vineyard Triantáfillou** **[111 D3]**

Frau Anastasiá Triantáfillou, Tochter der Weinbauernfamilie Emery, ist Winzerin aus Leidenschaft. Sie können ihre kleine, erst 1995 gegründete Kellerei besuchen, ihre verschiedenen Weine verkosten und kaufen sowie in der neuen Destillerie auch sehen, wie Tresterschnaps und Liköre hergestellt werden. *An der Hauptstraße von der Westküste nach Petaloúdes, tagsüber geöffnet*

ARCHÁNGELOS

[111 E5] Die zweite Stadt auf Rhodos (knapp 5500 Ew. – ab 5000 wird in Griechenland ein Ort zur Stadt) ist ein Beispiel dafür, dass Tourismus nicht gleichbedeutend sein muss mit dem Verschwinden all dessen, was einen großen Teil der Faszination des Orts ausmacht: alte, weiß gekalkte Häuser, holprige Gassen, Menschen, die immer mehr Zeit zu haben scheinen als die Besucher aus dem hektischen Mitteleuropa. Seit ein paar Jahren kommen besonders Deutsche und Niederländer in immer größeren Scharen in das »Erzengel«-Dorf (so die Übersetzung des Ortsnamens). Die Hotels liegen fast alle im modernen Ortsteil. Im historischen Zentrum kann man nur Apartments und Privatzimmer mieten. Die Feriengäste sind im »alten« Archángelos nicht mehr als ein paar Farbtupfer, die den Alltag beleben – und Geld in den Kassen der Souvenirläden lassen. Kinder im blauen Schulkittel warten an der Haltestelle auf den Bus, der sie nach Hause bringt, in eines der umliegenden Dörfer ohne eigene Schule. Frauen mit den typischen Kopftüchern gehen gemächlich vorbei, eine unförmige Einkaufstasche in der Hand, und verschwinden in einem der Läden.

Die sehen in Archángelos oft aus wie noch vor 20 Jahren überall in Griechenland: klein, niedrig, dunkel, voll gestopft. Meist ist das Angebot viel größer, als ein erster Blick vermuten lässt. In Schubladen und Schuhkartons verbirgt sich womöglich genau das, was die Kundin gerade sucht.

SEHENSWERTES

Kirche

Wie ein mit glitzernden Ringen geschmückter, schneeweißer Finger ragt der Glockenturm der dem Erzengel Michael geweihten Kirche zwischen den – ebenfalls weißen – Häusern des alten Archángelos hervor. Das barock wirkende Bauwerk ist eine Hinterlassenschaft der italienischen Besatzer.

Die Kirche selbst stammt aus der Mitte des 19. Jhs. Am interessantesten daran ist wohl das Mosaik im Innenhof aus schwarzen und weißen Kieseln, das für Rhodos typisch ist und *kochláki* genannt wird. Durch das Viereckmuster wirkt der ganze Bau perspektivisch verfremdet, ein Effekt, der ambitionierten Fotografen reiche Gestaltungsmöglichkeiten eröffnet. Kirchweih ist am 8. November bzw. am Abend davor.

Ritterburg

Auf einem Hügel am Ortsrand liegen dieRuinen eines Johanniterkastells, das Großmeister Orsini um die Mitte des 15. Jhs. bauen ließ. In der Nähe des Eingangs sind in der Mauer mehrere Wappen zu sehen, darunter das Orsini-Wappen mit der Jahreszahl 1467 – in diesem Jahr wurde der Bau vollendet. Vom Kastell aus haben Sie einen schönen Blick auf die weiße Silhouette des historischen Ortsteils.

ESSEN & TRINKEN

Savas

Einfache Taverne mit überwiegend griechischen Stammgästen. *Im modernen Ortszentrum nahe dem Rathaus,* €

EINKAUFEN

Das Angebot an einheimischem Kunstgewerbe ist groß. Die Dorfbewohner haben sich auf Webarbeiten und Keramik spezialisiert. Es gibt dort auch die hohen rhodischen Lederstiefel ohne Absatz, wie sie manche Frauen in den Dörfern noch tragen. Mehrere Keramikwerkstätten liegen an der Schnellstraße von Rhodos nach Líndos.

ÜBERNACHTEN

Club Calimera Porto Angeli

All-inclusive-Anlage mit großem Sport- und Animationsangebot, besonders kinderfreundlich. Am besten pauschal zu buchen. *4 km außerhalb am Strand von Stegná gelegen, Tel. 22 44 02 40 00, Fax 22 44 02 21 21, www.porto-angeli.calimera.de,* €€€

Meandros

Der zweigeschossige Bau liegt an einer ruhigen Straße, knapp 1 km vom Ortszentrum entfernt. Die 20 einfachen, aber modern eingerichteten Zimmer sind über Bogengänge zu erreichen und haben alle einen Balkon. Zu der Anlage gehört auch ein kleiner Süßwasserpool. Es gibt ein Frühstücksbüfett, auch Halbpension (Abendessen) ist möglich. *Tel. 22 44 02 28 96, Fax 22 44 02 38 96,* €

Semina

Das Apartmenthaus liegt in einer ruhigen Wohngegend, nur etwa 300 m vom Ortskern entfernt. Zur Auswahl stehen Studios für zwei bis drei Personen mit Wohn- und Schlafraum, Kochecke, Dusche und WC sowie Balkon oder Terrasse. In den Apartments für zwei bis vier Personen sind Wohn- und Schlafraum getrennt. Im Garten der Anlage gibt es einen kleinen Swimmingpool. Tägliche Reinigung und zweimal die Woche frische Wäsche gehören zum Service, für Verpflegung müssen die Gäste selbst sorgen. *34 Apartments, hinter der Schule, Tel. 22 44 02 22 10, Fax 22 44 02 32 36,* €€

ZIELE IN DER UMGEBUNG

Charáki [111 D–E6]

Noch vor ein paar Jahren standen an dem Kieselstrand nur ein paar Sommerhäuser. Viele gehörten Bauern aus den landeinwärts gelegenen Dörfern Malónas und Mássari, wo man nach wie vor vom Orangen- und Mandarinenanbau lebt. Diesen beiden Dörfern ist es hauptsächlich zu verdanken, dass es auf der »Insel der leuchtenden Orangen« (wie der englische Schriftsteller Lawrence Durrell Rhodos nannte) immer noch genug von diesen Früchten gibt – auch wenn für den Export schon seit langem nichts mehr übrig bleibt.

Inzwischen ist Charáki zu einem beliebten Badeort ganz ohne Hotelklötze avanciert, in dem man überwiegend in kleinen Pensionen und Apartmenthäusern wohnt. Eine autofreie Strandpromenade mit Cafés, Restaurants und Bars macht den Ort zusätzlich attraktiv. Eines der besten und originellsten Fischrestaurants der Insel, das *Argo (Tel. 22 44 05 14 10,* €€€*)*, liegt am südlichen Ende der Strandpromenade. Es verwöhnt seine Gäste mit frischem Fisch, Meeresfrüchten sowie Langusten aus dem eigenen Bassin. Einen Blick lohnt die kleine *Kapelle Ágii Apóstoli* am Dorfplatz, die in den Jahren 1997 und 1998 von Malermönchen vom Berg Athos im traditionellen Stil ausgemalt wurde.

Insider Tipp

Féraklos-Festung [111 E6]

Nördlich von Charáki liegen auf einem Berg die Überreste der Johanniterfestung Féraklos. Vermutlich stand dort schon in der Antike eine Burg. Sicher ist, dass es eine byzantinische Festung gegeben hat, die 1306 von den Johannitern erobert wurde. 1470 ließ Großmeister Orsini sie restaurieren. Benutzt wurde die Burg vor allem als Gefängnis für die Kriegsgefangenen des Ordens und als Verbannungsort für Ritter, die sich etwas hatten zu Schulden kommen lassen. Von der Nordseite des Bergs aus haben Sie einen schönen Blick in das fruchtbare Land um Malónas und Mássari und auf die Badebucht mit Sandstrand zu Füßen des Bergs. In dem Felsen oberhalb der Bucht verbirgt sich eine kunstgeschichtliche Kostbarkeit, das in den Stein gehauene Kirchlein *Agía Agáthi.* Es soll aus dem 12. oder 13. Jh. stammen. Die Agáthibucht, die vom Badeort Charáki nur ungefähr 30 Gehminuten entfernt liegt, trumpft mit einem schönen, etwa 200 m langen Sandstrand auf, an dem meist nur wenig

Betrieb herrscht. Drei Getränkebuden haben Tische in den Sand gestellt, nur eine Bauruine am Hang stört etwas.

Stegná (Stegená) **[111 E6]**
Das abgelegene Stranddorf ist über eine kurvige Straße zu erreichen, die durch das alte, fast verlassene Töpferdorf Petróna führt. Der kleine Sandstrand ist vielleicht nicht ganz so schön wie der von Tsambíka, dafür ist die Bucht grüner, und in den schattigen Tavernen können Sie einfache, aber gute griechische Küche probieren.

FALIRÁKI

[111 F3] Vor 30 Jahren gab es hier nicht mehr als ein paar Fischerhäuschen und einen 6 km langen Sandstrand. Familien aus Rhodos-Stadt fuhren gern zum Baden nach Faliráki, weil das Meer auf den ersten Metern sehr flach und damit auch »kleinkindsicher« ist. Zu Anfang der 1980er-Jahre wurden die ersten Hotels gebaut, und heute ist die ehemals unbedeutende Siedlung direkt an der Ostküstenstraße ein riesiger Vergnügungspark mit Wasserspielen für Kinder und Erwachsene, 20 000 Gästebetten, Fastfoodlokalen, Bars, Diskotheken, Pelzgeschäften – kurz »das Las Vegas von Rhodos«, wie ein lokaler Reiseveranstalter in seinem Prospekt prahlt. Mit einem griechischen Dorf hat Faliráki denn auch wenig zu tun. Es ähnelt eher einer betriebsamen Kleinstadt, deren Bewohner allesamt denselben Arbeitgeber haben – den Tourismus. Der Strand ist im Sommer unter den schwitzenden Leibern der dicht gedrängten Sonnenanbeter kaum zu sehen.

ESSEN & TRINKEN

Das Angebot ist in der Quantität riesig, über die Qualität kann man streiten.

Faliráki Raj
Gutes indisches Restaurant mit authentischer indischer Musik und Kellnern, die wie die Köche überwiegend vom indischen Subkontinent stammen. Was hier auf der Speisekarte als scharf (englisch: hot) gekennzeichnet ist, brennt auch wirklich auf der Zunge. *An der breiten Hauptstraße Richtung Líndos nahe der Ampelkreuzung, Tel. 22 41 08 69 86,* **€€€**

Manólis
Gepflegtes Restaurant mit griechischer und internationaler Küche, ausgesprochen freundlicher Service. *Westlich der Kreuzung Club Street/Bar Street im Zentrum,* **€€**

Monaxiá
»Einsamkeit« ist vielleicht nicht mehr ganz der passende Name für das unscheinbare, vor allem mittags und nachmittags gut besuchte Strandlokal vor dem Sun Palace Hotel. Sie bekommen dort preiswerte und gute Fischgerichte. An zwei Abenden in der Woche wird abends griechische Livemusik gespielt. *Tel. 22 41 08 53 07,* **€€**

Sotíris
Strandtaverne mit durchschnittlichem griechischem Essen, während der Saison fast täglich ab 21 Uhr griechische Livemusik nach Touristengeschmack. *Am Strand zwi-*

schen Ortszentrum und Großhotels Richtung Kallithéa, €€

EINKAUFEN

Kleine Supermärkte und Souvenirläden gibt es en masse. Da Faliráki aber kein gewachsenes Dorf ist, hat es auch keine Tradition im Kunsthandwerk – Sie fahren besser an die Quelle im Inselinnern oder nach Rhodos-Stadt.

ÜBERNACHTEN

Kein anderer Ort auf Rhodos hat so viele Gästebetten auf so engem Raum – leider überwiegen die touristischen Bausünden.

Esperos Village
Eines der schönsten Inselhotels, wie ein Dorf oberhalb des Trubels an einem Hang gelegen. Kostenloser Bustransfer zum Strand. *210 Zi., Tel. 22 41 08 60 46, Fax 22 41 08 57 41, www.esperia-hotels.gr,* €€€

Evi
Einfache Hotelanlage mit Swimmingpool und gemütlicher Poolbar im ruhigeren Südteil von Faliráki, etwa zehn Gehminuten vom Zentrum entfernt. Zimmer vor der Buchung erst anschauen, da ein Teil nur Blick auf die Zimmer anderer Hoteltrakte hat! *Odós Prof. Ammoú, Tel. 22 41 08 55 86, Fax 22 41 08 56 33,* €€

Liberia
Wer in Faliráki wohnen möchte und es trotzdem etwas ruhiger haben will, ist in dem 1987 erbauten Haus genau richtig. Es liegt etwa 800 m vom Ortszentrum entfernt an einer Nebenstraße (Wegweiser von der Hauptstraße: Profítis Ammós). Zum Strand sind es ungefähr 400 m. Alle 75 Zimmer haben Bad und WC. Zum Hotel gehören außerdem Pool, Snackbar und Tennisplatz. *Tel. 22 41 08 50 09, Fax 22 41 08 58 26, lymberia@otenet.gr,* €€

FREIZEIT & STRÄNDE

Kilometerlang und bis zu 50 m breit zieht sich der Hauptstrand des Orts von den Großhotels im Norden, die zusätzlich über gepflegte Liegewiesen verfügen, bis hin zum kleinen Hafen in der Nähe des Ortszentrums. Nördlich und südlich davon schließen sich weitere Strände und Felsbuchten an, die man zu Fuß oder mit dem Fahrrad schnell erreichen kann. Es gibt sogar einen offiziellen FKK-Strand am südlichen Ende der Bucht, wo Sonnenschirme und Liegestühle vermietet werden. Wassersport aller Art wird am Hauptstrand vor den Großhotels angeboten, die auch alle über Tennisplätze verfügen. Landsportarten, die in Faliráki betrieben werden können, sind fast alles Funsportarten: Gokartfahren oder Bungeespringen zum Beispiel.

Insider Tipp

AM ABEND

Maze
Megadisko mit dem stärksten Soundsystem der Insel und einer eigenen Lasershow. *Faliraki Shopping Center, Leofóros Pigón Kallithéas, nur Juni–Sept.*

Q-Club
Es gibt zwei Tanzarenen, eine für Musik der 1970er- bis 1990er-Jahre

und Chart Music, die andere für House und Garage. *Leofóros Pigón Kallitéas*

Reflexions
Hier wird Musik der 1970er-Jahre gespielt. *Gegenüber dem Faliráki Shopping Center*

Sinner's Club [111 E4]
Halb openair, halb drinnen, aber überall Partyatmosphäre zu Oldies und Evergreens. Getanzt wird überall, wo Platz ist – auf der Straße vor dem Club bis hinauf auf die Tresen. *Bar Street*

ZIELE IN DER UMGEBUNG

Anthony-Quinn-Bucht [111 F4]
Die kleine, felsige Badebucht bei Ladikó trägt diesen großen Namen, weil die griechischen Obristen sie dem berühmten Schauspieler geschenkt hatten – zum Dank dafür, dass er auf Rhodos den Kostümfilm »Die Kanonen von Navarone« (weitere Hauptdarsteller waren Gregory Peck und Irene Papas) gedreht und damit die Insel einem Millionenpublikum bekannt gemacht hat. Die spätere demokratisch gewählte Regierung hat die Schenkung der Obristen allerdings wieder rückgängig gemacht. So ist die wunderschöne Bucht heute für alle da. *Auf der Küstenstraße Richtung Líndos nach 1 km links ab, Richtung Ladikó, schräg gegenüber vom Hotel Ladikó führt eine Schotterstraße zur Bucht.*

Ladikó [111 F4]
Erst seit ein paar Jahren entwickelt sich das kleine Dorf zum Badeort. Für Urlauber, die ihre Ruhe haben möchten, aber manchmal doch Lust auf lärmiges Strandleben haben, ist der Ort ideal – es ist nicht weit nach Faliráki. Man wohnt schön im *Hotel Cathrin, 159 Zi., Tel. 22 41 08 58 81, Fax 22 41 08 56 24, €€,* 650 m vom Sandstrand entfernt.

KÁMIROS

[110 B3–4] ★ Wohnen und Urlaub machen kann man hier nicht – die Stadt wurde nach dem Erdbeben im 2. Jh. n. Chr. nie wieder besiedelt. Doch Kámiros ist der prominenteste Ort an der Westküste, und die Insel zeigt dort eine ihrer schönsten Seiten.

SEHENSWERTES

Ausgrabungen
Eine Warnung vorweg: Während der Saison überschwemmen oft mehrere Busladungen von Menschen das Ausgrabungsgelände. Wer den Rundgang genießen will, sollte gleich zu Beginn der Öffnungszeit oder kurz vor Schluss kommen. Kámiros war die kleinste der drei dorischen Städte und hatte ihre Blütezeit im 6. Jh. v. Chr. Wieder entdeckt wurde sie erst in der Mitte des 19. Jhs., ausgegraben von den Italienern erst in den 1930er-Jahren. Die Stadt ist an einen Hang gebaut. Von den Häusern aus sieht man auf grüne Felder, Pinienwälder und Olivenhaine, und die Bewohner der Oberstadt hatten sogar die Küste im Blick. Diese Aussicht kann man selbst heute noch genießen – kein Hotel, keine Industrieanlage verstellt bisher den Blick. Für die ausgesucht schöne Lage ihrer Stadt haben die Einwoh-

ner von Kámiros allerdings teuer bezahlt. Im Jahr 226 v. Chr. zerstörte ein Erdbeben fast sämtliche Gebäude. Die Menschen bauten ihre Stadt trotzdem wieder auf. Rund drei Jahrhunderte später, 142 n. Chr., machte ein weiteres großes Beben Kámiros dem Erdboden gleich. Diesmal wollte niemand mehr in der Stadt bleiben – Kámiros wurde verlassen.

Die Ruinen des »rhodischen Pompeji« stammen größtenteils aus hellenistischer Zeit. Die Stadt steigt terrassenförmig an. Die untere Terrasse wurde aus dem Hang gehauen, durch Aufschüttungen und eine Stützmauer befestigt und zu einem Marktplatz, der Agora, ausgebaut. An den Seiten standen Heiligtümer, Statuen und Wohnhäuser. Der kleine Tempel in der Mitte war wahrscheinlich Apollo geweiht.

Östlich vom Apollotempel liegt ein Festplatz mit niedriger Zuschauertribüne. Wahrscheinlich fanden dort zu Ehren des Gottes rituelle Handlungen statt. Der Festplatz grenzt im Westen an ein Wohnviertel, das direkt an der antiken Hauptstraße liegt. Sie führt vorbei an einem öffentlichen Bad, einem Brunnenhaus (an mehreren Stellen erhaltene Tonröhren zeugen vom antiken Wasserversorgungs- und Kanalisationssystem) und weiteren Wohnvierteln bis zur Akropolis, von deren einst prächtigen Bauten allerdings kaum etwas erhalten geblieben ist. Auf dem großen Gelände bekommen Sie jedoch einen guten Eindruck vom Leben in einer hellenistischen Stadt. *Mai–Okt. Di–Fr 8–19, Sa/So 8.30–15, Nov.–April Di–So 8.30–15 Uhr, Eintritt 4 Euro*

ESSEN & TRINKEN

New Kamiros Insider Tipp

Auf der Speisekarte finden sich Rotbarben, gegrillter Tintenfisch und

Reste des antiken Kámiros

andere Meeresfrüchte, aber auch Fleischgerichte. Ein beliebtes Ausflugsziel für die Bewohner von Rhodos-Stadt, in jedem Fall auch ein guter Platz, um sich vom Aufstieg zum alten Kámiros zu erholen. *Tel. 22 46 04 12 41, €€*

ZIELE IN DER UMGEBUNG

Alimniá **[110 C1]**

★ Die heute unbewohnte Insel lockt mit einem herrlich einsamen Badestrand. Die Fischer von Chálki bringen für wenig Geld (etwa 8 Euro pro Person, wenn mehrere mitfahren) Badelustige hinüber. Auf Alimniá stehen heute nur noch ein paar verfallene Gebäude, darunter ein dem hl. Georg geweihtes Kloster. Alljährlich feiern die Fischer mit ihren Familien dort den Namenstag des Schutzheiligen.

Chálki **[110 A–B 1–2]**

Der weitgehend kahle, bis 593 m hohe Inselwinzling (28 km^2) vor der Küste von Rhodos wird von Rhodosurlaubern bisher kaum besucht und ist dementsprechend ursprünglich und ruhig geblieben. Auf der ehemaligen Schwammfischerinsel wohnen nur noch etwa 300 Menschen, fast alle im Hauptort Nimborió. Schon bei der Einfahrt in den Hafen fallen die in Pastellfarben gestrichenen alten Häuser ins Auge. Immer mehr von ihnen werden jetzt restauriert und im Sommer als Ferienhäuser, überwiegend an Briten, vermietet. Aber auch aus Chálki stammende Rhodier kehren wieder hierher zurück. 1982 erklärte die Unesco Chálki zur »Insel des Friedens und der Freundschaft für die Jugend der Welt«. Seitdem kommen in jedem Jahr im September Jugendliche von überall her für zwei Wochen zu Seminaren und Vorlesungen auf die Insel. Baden können Sie z. B. am Strand Póntamos, nicht weit von Nimborió. 3 km von dem Städtchen entfernt liegt das nahezu völlig von all seinen einstigen Bewohnern verlassene Dorf *Chorió* zu Füßen einer Burgruine aus Kreuzritterzeiten. Ziel einer Ganztageswanderung von hier aus ist das einsam im Inselwesten gelegene, nicht mehr bewohnte Kloster *Ágios Ioánnis.* Mopeds oder gar Autos kann man auf Chálki nicht mieten, wer etwas sehen will, muss wandern.

Nach Chálki fahren täglich gegen 14 Uhr Boote von Kámiros Skála hinüber, die am nächsten Morgen zurückkehren. Nur sonntags gibt es zwei Verbindungen, sodass Tagesausflüge möglich sind. Zwei- bis dreimal wöchentlich legen auf Chálki auch die großen Autofähren auf ihrem Weg zwischen Rhodos und Kreta an. Übernachten können Sie z. B. in der Pension *Kleánthi*, *7 Zi., Tel. 22 46 05 73 34, €.* Insi Tip

Kámiros Skála **[110 A4]**

Der kleine Fischerhafen südlich der antiken Stadt ist in erster Linie für diejenigen interessant, die zur Nachbarinsel Chálki übersetzen wollen. Die Fischtavernen am kleinen Hafen werden auch von Einheimischen geschätzt, da sie täglich mit Frischfisch beliefert werden. In der Felswand dahinter ist die unvollendete Fassade eines Felsengrabs, das aus hellenistischer Zeit stammt, zu erkennen.

Kritinía-Burg **[110 A5]**

Von der verfallenen Johanniterburg bieten sich herrliche Blicke ins

Umland. Leider sind die Felsen ungesichert, deshalb sollten Sie für den kurzen Anstieg feste Schuhe anziehen und kleine Kinder an die Hand nehmen. *Ständig frei zugänglich*

KOLÍMBIA

[111 E5] Das Dorf mit den Sand- und Kieselstränden lockt Jahr für Jahr mehr Urlauber an. An die 40 Hotels wurden hier seit 1983 gebaut, meist flache Komplexe, die oft sogar recht gut in die Landschaft passen. In Kolímbia ist alles eine Nummer kleiner als in Faliráki. Es gibt nur wenige Diskotheken, ein paar Kaufläden und eine Reihe von Tavernen, die besonders auf deutsche Gäste eingestellt sind. Am Strand können Sie Surfbretter leihen. Tennisplätze vermieten die großen Hotels.

ESSEN & TRINKEN

To Nisáki
Das »Inselchen« (so die deutsche Übersetzung) ist eine echte Fischtaverne. Vieles, was der Wirt auf den Tisch bringt, hat er selbst aus dem Wasser geholt. Nebenan betreibt er eine Bar, und zum Strand sind es nur ein paar Schritte. *Nicht weit vom Hotel Relax, Tel. 22 41 05 63 60, €€*

ÜBERNACHTEN

Kolymbia Sky
Wegen der ruhigen Lage direkt am Meer die ideale Unterkunft für einen erholsamen Strandurlaub. *98 Zi., Tel. 22 41 05 62 71, Fax 22 41 05 62 74, €€*

Kolymbia Sun
Familiär geführtes Hotel mit Pool, etwa 200 m vom Strand entfernt. All-inclusive-Anlage mit einigen Zimmern, die auch für drei Erwachsene und ein Kind groß genug sind. *65 Zi., Tel. 22 41 05 62 13, Fax 22 41 05 63 21, €€*

ZIELE IN DER UMGEBUNG

Ágios Nikólaos Fountouklí **[110 C4]** Insider Tipp
Das Kirchlein des »heiligen Nikolaus von den Haselnüssen« liegt mitten in den Feldern an der kleinen Straße, die von Eleoússa auf den Profítis Ilías führt. Es stammt aus dem 14. Jh. und war ursprüng-

Teil des reichen byzantinischen Erbes: die Kirche Ágios Nikólaos Fountouklí

lich die Hauptkirche eines Klosters, von dem aber sonst nichts erhalten geblieben ist. Gestiftet wurde das Kloster von einem hohen byzantinischen Beamten auf Rhodos. Er ist zusammen mit seiner Frau auf einem Fresko neben der westlichen Eingangstür dargestellt. Beide übergeben auf diesem Bild gerade die Kirche an Christus, der von der Jungfrau Maria und Johannes dem Täufer flankiert wird. An der gegenüberliegenden Wand sind die drei Kinder des Paars abgebildet. Eine Inschrift verrät, dass sie nahezu gleichzeitig – wohl an einer Seuche – gestorben sind. Die Weinreben und Vögel im Hintergrund drücken die Hoffnung der Eltern aus, dass Gott ihre Kinder ins Paradies aufgenommen hat. Nur ein paar Schritte entfernt befindet sich eine Wasserstelle. Ein Tisch und zwei lange Bänke unter Bäumen laden zu einer Rast ein.

Insider Tipp **Archípolis** **[111 D5]**
Das kleine, noch sehr »griechische« Dorf im Inselinnern hat von den Touristenströmen bisher nicht viel mitbekommen. Es gibt ein paar einfache Tavernen, Kafenía und Privatzimmer. An der zur Westküste führenden Straße liegt das Kloster *Ágios Nekários,* dessen Kirche vollständig mit neuen Fresken ausgemalt ist.

Eptá Pigés **[111 E5]**
Im Tal der »Sieben Quellen« unter den riesigen Platanen ist es immer angenehm kühl. Die Attraktion des Ausflugsorts ist ein 186 m langer unterirdischer Wassergraben aus der Zeit der italienischen Besatzung. Am Ende des Tunnels liegt ein Teich mitten in einer sanft gewellten, grünen Landschaft. Wenn Sie das idyllische Bild genießen wollen, gehen Sie über den Hügel, durch den der Tunnel führt. Achtung: Da es sich um ein Trinkwasserschutzgebiet handelt, sollten Sie von einem Bad in dem Teich auf jeden Fall absehen! Gleich hinter dem Parkplatz liegt die Taverne *Seven Springs,* €, in der Sie einfache griechische Gerichte wie *souflâki* (Fleischspieß) oder *paidákia* (Lammkoteletts) bestellen können. In der Hochsaison sind die langen Tische allerdings sehr oft bis auf den letzten Platz besetzt.

Profítis Ilías **[110 B4]**
Hirsch und Hirschkuh, die Wappentiere der Insel, gibt es auf dem dritthöchsten Berg von Rhodos (798 m) noch im Original. Die Landschaft erinnert an den Schwarzwald – auf dem Profítis Ilías vergisst man schon mal, dass er zur Ägäisinsel Rhodos gehört. Man kann wandern oder auch mit dem Auto hinauffahren: von Sálakos im Norden, von Eleoússa im Osten oder von Émbonas im Südwesten. Etwa 100 m unterhalb des Gipfels liegen zwei Hotels, die noch aus der Zeit der italienischen Besatzung stammen. Beide sind zurzeit geschlossen.

Tsambíka **[111 E5]**
Das heute unbewohnte Kloster mit dem schneeweißen Kirchlein liegt auf einem Berg zwischen der Küstenstraße und dem Meer. Geweiht ist es der Muttergottes *(Panagía).*

Tsambíka heißt im rhodischen Dialekt Feuerschein. Über die Entstehung des Klosters gibt es eine Legende, die jeder ein wenig anders erzählt. Eine Version geht so: Ein Ehepaar war kinderlos und hatte die Hoffnung auf Nachwuchs schon fast aufgegeben. Da sah der Mann eines Nachts auf dem Berg einen geheimnisvollen Feuerschein. In der nächsten Nacht sah er ihn wieder und in der Nacht darauf noch einmal. Er wanderte hinauf und fand an der Stelle, an der er den Feuerschein gesehen hatte, eine Ikone der Muttergottes. Er gelobte ihr, ein Kloster für sie zu errichten, wenn seine Frau schwanger würde. Als er nach Hause kam, sagte ihm seine Frau, dass sie ein Kind erwartete. Die beiden bekamen ein Mädchen, das sie Tsambíka, Feuerschein, nannten, und der Mann baute das Kloster, wie er gelobt hatte. Tsambíka und Tsambíkos sind auch heute noch typische rhodische Vornamen.

Das weiße Klosterkirchlein ist immer noch ein Wallfahrtsort. Es wird besonders von jungen Frauen, die sich eine glückliche Ehe und Kinder erhoffen, besucht. Der größte Teil des Wegs ist mittlerweile betoniert, sodass man mit dem Auto oder Moped weit hinauffahren kann – eine Pilgerin geht aber möglichst zu Fuß. Besonders Erfolg versprechend soll die Wallfahrt sein, wenn sie sich für den letzten Abschnitt des Aufstiegs, immerhin noch rund 20 Minuten, einen Sack mit einem schweren Stein auf die Schulter packt.

Auf dem kleinen Plateau vor dem letzten Stück des Wegs befindet sich das Restaurant Tsambíka. Einheimische können dort, wie ein Schild verkündet, Hochzeiten und Taufen feiern.

Durch ein weißes Tor führt der Weg hinein in den Klosterhof.

Turm des Klosters Kato Tsambíka

Linker Hand befindet sich ein leeres Zimmer, das Pilgern als Schlafraum dient. In der Kammer auf der rechten Seite können Sie sich in eines der bereitliegenden, dicken Gästebücher eintragen. Viele einheimische Besucherinnen haben sich hier schon mit seitenlangen, anrührenden Briefen an die »liebe Muttergottes« verewigt.

Die wundertätige Ikone der Gottesmutter von Tsambíka steht allerdings aus Sicherheitsgründen heute nicht mehr in der unbewachten Gipfelkapelle. Sie wird jetzt im modernen Kloster *Káto Tsambíka* verehrt. Es liegt direkt an der Hauptstraße Richtung Líndos, etwa 1 km von der Abfahrt zur Gipfelkapelle entfernt. Die dortige Klosterkirche stammt aus dem 18. Jh. und enthält eine kostbare Ikonostase. Von der Decke hängen glitzernde venezianische Lüster herab.

Inselschönheit mit vielen Gesichtern

Die Touren sind in der Karte auf dem hinteren Umschlag und im Reiseatlas ab Seite 110 grün markiert

1 AUF DEN SPUREN DER ANTIKE UND RITTERZEIT

Geschichte kompakt: An diesem Tag lernen Sie alle vier rhodischen Städte der Antike kennen und zudem alle bedeutenden Burgen der Johanniterritter. Mehrmals kommen Sie ans Meer, sodass Badepausen möglich sind. Sie sollten früh aufbrechen, um die Öffnungszeiten der archäologischen Stätten voll nutzen zu können. Der Montag ist für diese Rundfahrt ungeeignet, da Sie dann mancherorts vor verschlossenen Türen stehen. Länge der Rundfahrt von und bis Rhodos-Stadt: 210 km, Zeitbedarf mindestens 8–10 Stunden

Erste Station der Rundfahrt ist der *Monte Smith (S. 35)*. In der Antike befand sich auf ihm die Akropolis von Rhodos. Italienische Archäologen haben Stadion und Theater rekonstruiert, doch vom Apollotempel stehen nur noch dreieinhalb Säulen aufrecht.

Kuppel der byzantinischen Kirche in Archángelos

Vom Monte Smith geht es hinunter auf die Schnellstraße, die die Stadt Rhodos mit Líndos verbindet. *Faliráki (S. 74)* mit seinen Hotelhochhäusern bleibt links liegen, Rhodos wird ländlicher. Hinter *Kolímbia (S. 79)* kommt links hoch auf einem Berg das *Kloster Tsambíka (S. 80)* in Sicht. Hinter der Abzweigung zum völlig unverbauten, traumhaft schönen Sandstrand *Tsambíka Beach* steigt die Straße bald an. In einer Linkskurve liegt das *Talkloster von Tsambíka (S. 81)* mit einer schönen Kirche und einer urigen Taverne.

Der nächste Besichtigungsstopp lohnt in *Archángelos (S. 71)*, dem zweitgrößten Ort der Insel. Ein kurzer Spaziergang führt zur stets frei zugänglichen Ruine der Ritterburg. Danach sollten Sie sich ins alte Kaffeehaus an der Bushaltestelle setzen und von dort dem dörflichen Treiben zuschauen.

Hinter Archángelos steigt die Schnellstraße zunächst hügelan und senkt sich dann in das größte Orangenanbaugebiet von Rhodos rund um das Dorf Malonas hinab. Hier liegt an der Küste *Charáki (S. 73)* mit der *Ritterburg Féraklos (S. 73)*. Am Fuß des Burghügels befinden sich, etwa 200 m hinter den letzten Häusern des Orts, auf freiem Feld die Reste einer Zuckerraffinerie aus Kreuzritterzeiten. Die Gewinnung von Rohrzucker war ein bedeutender Wirtschaftszweig des Johanniterordens. Die Ruinen sind eingezäunt, von außen allerdings gut einzusehen.

Der erste Blick auf *Líndos (S. 54)* lässt jeden Reisenden zunächst einmal auf die Bremse steigen. Über den weißen Häusern des einzigartigen Dorfs ragt der mächtige Akropolisfelsen auf, den die Griechen der Antike mit einem Tempel und die Ritter des Mittelalters mit einer Burg krönten.

Nach einem Bummel durch das Dorf geht die Fahrt an der Westküste entlang weiter, und zwar bis *Gennádi (S. 61)*. Danach zweigt man ins Inselinnere ab und gelangt über Váti nach Istrios. Fährt man von hier nach *Apolakkiá (S. 49)* weiter, fallen nach etwa 5 km rechts zwei große Apsiden auf, die zu einer fünfschiffigen Basilika aus frühchristlicher Zeit gehörten.

Nächster Ort nach Apolakkiá ist *Monólithos (S. 52)*, ganz in der Nähe der gleichnamigen sehr fotogenen Burg auf einem Hügel hoch über dem Meer. Auf der Weiterfahrt sollten Sie in *Siána (S. 53)* eine Pause einlegen und dort einen Joghurt mit Honig essen, bevor es an der Westküste weitergeht. Hinter *Kritinía* zweigt eine Stichstraße zur schon gut sichtbaren Burg ab. Wer von Burgen erst einmal genug hat, fährt gleich weiter zum winzigen Fischerhafen *Kámiros Skála (S. 78)* und zu den Ausgrabungen der antiken Stadt *Kámiros*. Danach steht nur noch ein Ziel auf dem Programm: kurz vor Rhodos-Stadt das Plateau des *Filérimos (S. 44)* mit seinen antiken Ruinen und einem mittelalterlichen Kloster.

2 KLEINE KIRCHEN, STILLE DÖRFER

Auf der Suche nach dem ursprünglichen Griechenland werden Sie in den Binnendörfern der Insel viel eher fündig als in den Küstenorten. Diese Tour führt in viele kleine Orte – und zu einer Reihe kleiner Kirchen und Klöster aus byzantinischer Zeit. Manche sind verschlossen, um Ikonendiebstähle zu verhindern, andere stehen Besuchern offen. Sie bieten nicht nur Kunstgenuss, sondern faszinieren ebenso oft durch ihre landschaftliche Lage. Ein Jeep ist für diese Rundfahrt nicht unbedingt erforderlich. Er ermöglicht es allerdings, Abkürzungen über Schotterstraßen und holprige Pisten zu nehmen. Länge der Rundfahrt ab und bis Faliráki: 250 km, Zeitbedarf mindestens 8–10 Stunden

Sie verlassen *Faliráki (S. 74)* auf der Schnellstraße, zweigen jedoch schon nach 5 km ins Dorf *Afántou (S. 68)* ab und nehmen dort die Straße ins große Binnendorf *Psínthos (S. 71)* mit seinem recht lebhaften Dorfplatz. Ein kleines Sträßlein führt weiter nach *Archípolis (S. 80)*, einem besonders ländlich gebliebenen Dorf. 2300 m hinter Psínthos liegt links die Kapelle *Agía Tríada (S. 69)* mit Fresken aus dem 15. und 17. Jh.

Von Archípolis aus können Sie einen kurzen Abstecher über die Straße Richtung Kolímbia unternehmen, an der nach 2 km rechter

Insider Tipp

Hand die Kirche Ágios Nektários steht. Sie ist vollständig mit neuen Wandmalereien im traditionellen byzantinischen Stil ausgeschmückt. Vor dem Aufgang zur Kirche steht eine mächtige, hohle Platane. Auf der anderen Straßenseite hat die Gemeindeverwaltung einen Waldpark mit Picknickplätzen angelegt.

Von Archípolis geht es weiter nach *Eleoússa* und zur Kirche *Ágios Nikólaos Fountouklí (S. 79)*, einem überaus schönen Sakralbau. Nach der Besichtigung kehren Sie nach Eleoússa zurück und fahren von dort über die ganz stillen Dörfer *Platánia* und *Apóllonas* nach *Émbonas (S. 50)*, wo Sie eine Weinkellerei besichtigen sowie zu Mittag essen können.

Nächstes Besichtigungsziel ist, weit im Süden, das *Kloster Skiádi (S. 54)* mit seiner wundertätigen Marienikone. Von dort führt eine zurzeit noch sehr raue Piste über den Berg hinüber nach *Mesanagrós*. Am besten erkundigen Sie sich im Kloster nach dem aktuellen Straßenzustand – eventuell bleibt einem der Umweg über *Kattaviá (S. 51)* nicht erspart, um ins eigentlich so nahe *Mesanagrós (S. 51)* zu gelangen. Im Dorf werden Sie mit einer unbedingt sehenswerten Kirche belohnt. Den Schlüssel dazu bewahrt der Wirt des benachbarten Dorfkaffeehauses, in dem es auch ein einfaches Essen gibt, auf.

Links unterhalb der Straße von Mesanagrós nach Lachaniá lohnt die Wallfahrtskirche *Ágios Thomás* einen kurzen Abstecher. *Lachaniá (S. 62)* offenbart seinen ganzen ländlichen Reiz am besten, wenn man das Fahrzeug an der Hauptstraße stehen lässt und zur Taverne Plátanos nach unten geht. Von Lachaniá geht es dann wieder in Richtung Norden. Zwei Höhepunkte dieser Tagesfahrt stehen noch auf dem Programm: ein Abstecher zum Bergdorf *Asklipión (S. 60)* mit sei-

Landschaft um das Bergdorf Asklipión

ner freskengeschmückten Kirche und einem kleinen Museum sowie ein kurzer Abstecher zum *Kloster Thári (S. 63)* bei *Laérma (S. 62),* in dem nach längerer Pause jetzt wieder Mönche leben.

Wer danach noch Zeit und Lust hat, kann schließlich von *Lárdos (S. 63)* aus durch einen duftenden Kiefernwald zum *Kloster Ipsenís (S. 61)* fahren, wo gastfreundliche Nonnen zu Hause sind. Über die gut ausgebaute Ostküstenstraße gelangen Sie schließlich nach Faliráki zurück.

3 VIEL NATUR UND SCHÖNE STRÄNDE

Auf dieser Tagestour bleiben die historischen Sehenswürdigkeiten weitgehend unbeachtet. Naturerlebnis und Badespaß stehen im Vordergrund – dazu passt natürlich ein offenes Fahrzeug am besten. Man kann die Tour als vollständige Inselrundfahrt gestalten und entlang der Westküste zurückfahren. Sehr viel schneller gelangen Sie aus dem Süden freilich über die viel besser ausgebaute Ostküstenstraße ins Feriendomizil zurück. Länge der Rundfahrt ab und bis Rhodos-Stadt: 200 km, Zeitbedarf mindestens 7–9 Stunden; Badesachen nicht vergessen!

Den Auftakt für den Reigen schöner Strände entlang der Ostküste bildet die kleine Bucht von Ladikó kurz hinter *Faliráki (S. 74).* An dem kurzen, aber selten vollen Sandstrand steht eine einzige Taverne: Eine gut befahrbare Staubstraße führt hinüber in die *Anthony-Quinn-Bucht (S. 76).*

Das Dorf *Kolímbia (S. 79)* besitzt zwei schöne Sandstrände. Der nördliche ist kilometerlang, optisch wegen des flachen Hinterlands allerdings weniger ansprechend. Der südliche hingegen wird von einer niedrigen Steilküste aus bizarr geformten Felsknollen begrenzt, die ihn auch fürs Auge durchaus attraktiv machen.

Fahren Sie von Kolímbia aus nicht gleich in Richtung Süden weiter, sondern unternehmen Sie zunächst einmal einen Abstecher zu den *Eptá Pigés (S. 80)* im Landesinnern, stoßen Sie dort auf einen unterirdischen Wassergraben und nach dem Weg über den Hügel auf eine sanft gewellte grüne Landschaft samt Teich. Widerstehen Sie jedoch der Verlockung zu baden: Trinkwasserschutzgebiet!

Schon 2 km südlich von Kolímbia zweigt eine Stichstraße an den Strand von *Tsambíka (S. 80)* ab, der zu den schönsten der Insel zählt. Er ist beinahe 1 km lang und noch völlig unverbaut. Nur eine Taverne und mehrere improvisierte Imbissbuden stehen hier. Ansonsten ist alles naturbelassen. Besonders schön: Der Wind hat an den Hängen im Süden des Strands Sand abgelagert, sodass es aussieht, als liege man vor haushohen Dünen.

Zeit fürs Mittagessen? In *Charáki (S. 73)* kann man im Restaurant Argo hervorragend Fisch essen. Wer stattdessen lieber noch einen Sandstrand aufsucht, kann von Charáki aus zur nördlich gelegenen *Agáthi-Bucht (S. 73)* wandern oder fahren, die unter Rhodoskennern fast wie ein Geheimtipp gehandelt wird, weil dort so wenig los ist.

Voll sind hingegen die beiden schönen *Sandstrände von Líndos*

In der Bucht Ágios Pávlos landete der Legende nach der Apostel Paulus

(S. 54). Sie sollte man ein anderes Mal besuchen und an Líndos vorbei weiterfahren nach *Péfki (S. 64).* Unterwegs können Sie den schönen Blick auf die *Bucht Ágios Pávlos (S. 56),* in der einst der Apostel Paulus an Land gegangen sein soll, genießen.

Bei *Lárdos (S. 63)* erreichen Sie wieder die Schnellstraße. Schon wenige Hundert Meter weiter liegt links unterhalb der Straße eine weitere kleine Sandbucht. Bei *Kiotári (S. 62)* beginnt kurz darauf der längste Ostküstenstrand. Als breites, teils sandiges, teils kiesiges Band reicht er bis weit jenseits von *Gennádi (S. 61).*

Der südlichste Ort an der Ostküste ist der Weiler *Plimmíri (S. 63)* mit einem wenig besuchten, feinen Kiesstrand und einer schönen Taverne unmittelbar neben der sehenswerten Kirche *Zoodóchos Pigí.* Sie steht über den Fundamenten einer frühchristlichen Basilika aus dem 5./6. Jh., von der schöne Marmorplatten und Säulen in der jetzigen Kirche verbaut sind.

Das am weitesten von Rhodos-Stadt entfernt gelegene Dorf ist zugleich das südlichste der Insel: *Kattaviá (S. 51).* Am Dorfplatz laden mehrere Tavernen zu einer Rast ein, aber auch am Strand von *Prassoníssi (S. 53)* an der Südspitze kann man speisen. Dieser Strand wäre sicher der schönste der Insel, wenn das Meer nicht so viel Teerklumpen und anderes Treibgut anschwemmen würde.

Wenn Sie für die Rückfahrt in den Norden nicht die schnellere Strecke entlang der Ostküste vorziehen, gelangen Sie schon kurz hinter Kattaviá an die westlichen Ufer der Insel. Schöne Strände findet man hier zwar nicht mehr, dafür ist aber die bergige Landschaft besonders abwechslungreich. Wer noch viel Zeit hat, wird auf dem Rückweg vielleicht noch einen Abstecher in das *Schmetterlingstal (S. 70)* unternehmen wollen, um dann von dort über das Dorf *Psínthos (S. 71)* nach Faliráki oder in einen anderen Urlaubsort zurückzukehren.

Freizeitangebote für jeden Geschmack

Die besten Plätze für Ihren Lieblingssport und die wichtigsten Adressen und Websites zur Vorabinformation

Rhodos ist ein gutes Urlaubsziel für einen sportlichen Urlaub. Das Angebot ist groß – und weil die Insel klein ist, können Sie problemlos alle Möglichkeiten wahrnehmen, ganz gleich, wo Sie Ihr Urlaubsquartier bezogen haben. Wie überall in Griechenland sind die Öffnungszeiten stark jahreszeitabhängig und die Angebote saisonalen Schwankungen unterworfen. Wer ganz sichergehen will, dass er das Erwünschte auch an der angesteuerten Adresse vorfindet, ruft besser vorher an.

BIKING

Für Mountainbiker ist Rhodos ein ideales Terrain. Im Inselinnern gibt es genug wenig befahrene Asphaltstraßen und noch mehr Staubpisten für alle, die keine Mühe scheuen. Fahrräder und Mountainbikes werden in fast allen Badeorten und in der Inselhauptstadt vermietet.

Wer will, kann sich auf Rhodos sein Mountainbike oder Rennrad auch schon zum Flughafen bringen lassen. Diesen Service bietet ★ *Hellasbike,* einer der Bikingspezialisten der Insel. Außer Mieträdern sind auch täglich geführte Mountainbiketouren (Inside Tipp) mit unterschiedlichem Schwierigkeitsgrad im Programm. Bei den leichten Touren werden die Teilnehmer per Minibus zu einem hoch gelegenen Startpunkt gebracht, sodass die Fahrtstrecke überwiegend eben oder abwärts verläuft. Man hält Bikes für Kinder und sogar Kindersitze bereit. Fahrradmieter und Tourenteilnehmer werden von allen Hotels zwischen Flughafen, Rhodos-Stadt und Faliráki kostenlos zur Station und zurückgebracht. *Hellasbike/Rhodos Cycling, Zoís Drívas, Ialissós/Triánta, Leofóros Iraklídon 3, Tel./Fax 22 41 09 28 72, Mobiltel. 6944/51 95 56*

Wer im Süden Urlaub macht, ist beim *Kiotári Bike Center* am besten aufgehoben. Hier werden Kinder-, City- und Mountainbikes vermietet. Außer geführten Tagestouren werden auch Tourenpakete angeboten. So kosten fünf Tagestouren im Paket 135 Euro. City- und Kinderfahrräder gibt es für 6 Euro pro Tag oder 15 Euro für drei Tage. Mountainbikes kosten je nach Typ 12–22 Euro pro Tag oder 54–109 Euro pro

Mountainbiker sieht man nicht nur in den Bergen

Woche. *Kiotári, im Hotel Ekateríni, Tel. 22 44 04 71 84, Mobiltel. 69 44 54 86 53, www.kiotari-bike-center.de*

BUNGEE

Einen normalen Bungeekran gibt es auf Rhodos nicht. Dafür aber in Faliráki zwei andere, ganz ähnliche Einrichtungen: Einen *Skysurfer* und einen *Slingshot.* Dabei wird eine zweisitzige Kugel zwischen zwei schrägen, jeweils 54 m hohen Türmen bis in 85 m Höhe hinaufgeschleudert und kommt dabei innerhalb von 1,6 Sekunden auf eine Geschwindigkeit von 160 km/h. Dann fällt die Kugel rasant in die Tiefe. Das ganze Ereignis dauert etwa 80 Sekunden. *Faliráki, weithin sichtbar im Ortszentrum, Mobiltel. 6932/79 74 79, tgl. ab 19 Uhr, Sprung 40 Euro*

FITNESSCENTER

Fitness und Bodybuilding sind auch in Hellas in. Das *Fitness Centre Aphrodite* verfügt über moderne Geräte, außerdem gibt es Whirlpool, Sauna und Dampfbad. *Faliráki, im Hotel Colossos Beach, Tel. 22 41 08 55 02, Mo–Fr 10–13 und 17.30–20.45, Sa 16–20 Uhr, Tageskarte etwa 9 Euro*

GOLF

»Basic facilities, but with a smile« lautet das selbst gewählte Motto des Golfclubs von Rhodos nahe dem Ort Afántou. Das Clubhaus ist einfach wie ein Bahnhofswartesaal 3. Klasse, dafür sind die Getränke aber auch extrem preiswert. Die Atmosphäre ist herzlich-familiär. Sportlich hingegen ist man ehrgeizig: Mehrmals jährlich finden hier Turniere statt, darunter auch eines in der Weihnachtszeit. *Rodos Golf Club, Afántou (zwischen Schnellstraße und Strand), Tel./Fax 22 41 05 12 55, April–Okt. 30 Euro, Nov.–März 20 Euro, www.afandougolfcourse.com*

GOKART

Es gibt fünf Gokartbahnen auf der Insel. Technisch besonders gut ausgestattet ist *Stan's Go Karts,* wo man die gefahrenen Zeiten elektronisch messen lassen kann. *Faliráki, zwischen Nationalstraße und Leofóros Pigón Kallithéas, tgl. 14–23 Uhr, Tel. 22 41 08 61 51, ab 15 Euro für 15 Runden.*

MINIGOLF

Ein gepflegter Minigolfplatz befindet sich in Ixiá vor dem Hotel Olympic Palace. *An der Uferstraße, tgl. ab 10 Uhr, Erwachsene 6 Euro, Kinder 4,50 Euro*

Der einzige Golfplatz der Insel liegt bei Afántou

TAUCHEN

Das Gerätetauchen ist in rhodischen Gewässern nur in der Bucht von Kallithéa **[111 F2]** und nur in Begleitung lizenzierter Tauchlehrer gestattet. Das Nachttauchen ist verboten. Mehrere Boote starten täglich vom Mandráki-Hafen der Stadt Rhodos aus zu Tauchfahrten. *Boot Vasilía, Rhodos Diving Centre, Tel./Fax 22 41 02 02 07, www.rodosdiving.com; Dive-Med Centre, Odós Lisavónas 33, Rhodos-Neustadt, Tel. 22 41 06 11 15, Fax 22 41 06 65 84, www.divemedcollege.com; Waterhoppers, Odós Periklέous, Rhodos-Altstadt, Tel./Fax 22 41 03 81 46, www.waterhoppers.com*

TENNIS

Fast alle großen Hotels verfügen über Tennisplätze. Wenn sie nicht vorgebucht sind, können darauf auch Nichthotelgäste spielen.

WANDERN

Rhodos ist mit seinen langen Stränden, grünen Tälern und schattigen Wäldern ein ideales Wanderrevier. Es gibt jedoch weder Wanderkarten noch ausgeschilderte Wanderwege. Wer sich Rhodos erwandern will, bucht daher am besten schon von zu Hause aus eine komplette Wanderreise im Reisebüro – oder marschiert einfach drauflos. Feste Schuhe, Wasserflasche und Sonnenhut gehören zur Grundausstattung.

WASSERSPORT

An fast allen Stränden, an denen größere Hotels stehen, sind auch Wassersportstationen zu finden. Sie bieten Gelegenheit zum Windsurfen, Parasailing, Tretboot-, Wasserski- und Seekanufahren. Als ideales Revier für erfahrene Surfer gilt der Strand von Prassoníssi im äußersten Inselsüden. Zum Wasserskifahren ist die geschützte Bucht von Líndos besonders geeignet. Eine besonders gute Wassersportstation ist das ★ *Kiotari Watersports Centre, Kiotári, am Strand vor den Hotels Rodos Maris und Rodos Princess, Tel./Fax 22 44 02 32 79, www.wassersport-rhodos.de, Surfkurs (10 Std.) 155 Euro.* Hier kann man nicht nur windsurfen und Trickski fahren, sondern auch Fallschirmsegeln (30 Euro pro Runde), den Katamaransegelschein und den Windsurfschein des VDWS erwerben. Im Norden von Rhodos ist *Harrys Surfcenter, Tel. 22 41 08 60 50, Fax 22 41 08 60 63, www.harrys-surfcenter.de,* vor dem Hotel Colossos Beach in Faliráki besonders empfehlenswert. Preise und Angebot sind ähnlich wie im Kiotári Watersports Centre.

YACHTCHARTER

Rhodos ist ein guter Ausgangspunkt für einen Segeltörn zu den Inseln des Dodekanes und zum türkischen Festland. Im Mandráki-Hafen von Rhodos-Stadt liegen meist Skipper, die Gäste zu einer Tagestour mitnehmen. Yachtvercharterer sind unter anderem: *Anka Travel, Odós Gallías 13, Rhodos-Neustadt, Tel. 22 41 02 50 95; Kronos Yacht Charter, Mandráki, Tel. 22 41 07 64 07; Yacht Agency International, Odós Virónos 1, Rhodos-Neustadt, Tel. 22 41 02 29 27, www.yachtagency.com*

Attraktionen für kleine Abenteurer

Die besten Ideen für gemeinsame Aktivitäten, bei denen der Spaß der Kleinen ganz groß sein wird

Rhodos ist eine kinderfreundliche Insel. Man macht allerdings nicht viel Aufhebens um die Kleinen, sondern lässt sie einfach an fast allem teilhaben, was die Erwachsenen tun – und das bis weit nach Mitternacht. Babynahrung, Windeln und frische Milch sind in vielen Supermärkten in großer Auswahl erhältlich. Was besser sein könnte: Kinderstühle und -menüs in Restaurants sind rar, selbst Autovermieter halten nur selten Kindersitze bereit. Einen Kinderspielplatz besitzt zwar fast jedes Dorf, doch die Geräte sind meist schlecht gepflegt. Ärzte verschreiben Kindern auch bei leichten Erkältungen häufig gleich Antibiotika. Wer das nicht mag, bringt sich seine Hausmittel besser mit. In den Ruinen der vielen Ritterburgen behindern keine Verbote und Zäune das freie Spiel – aber Fallgruben und Mauern sind auch völlig ungesichert.

RHODOS-STADT

Aquarium **[U B1]**
In einer deutschen Stadt gehen Eltern mit ihren Kindern sonntags vielleicht in den Zoo. Auf Rhodos führt der Familienausflug in den Rodíni-Park oder eben ins Aquarium, eine Hinterlassenschaft der italienischen Besatzer. In dem zierlich wirkenden Pavillon vermutet man allerdings eher ein Jugendstilcafé als ein hydrobiologisches Institut. Im Keller sind ein meeresbiologisches Museum und die Aquarien untergebracht, in denen Fische und diverse andere Meerestiere aus griechischen Gewässern zu sehen sind: Brassen z. B., Barsche, die stachligen Drachenköpfe, Seeigel und Seesterne. *Tgl. 9–20.30 Uhr, Eintritt 3 Euro, Kalímnou Lérou*

Kinderfreuden gibts nicht nur am Strand

Rodíni-Park **[111 F2]**
★ Die grüne Lunge von Rhodos liegt zwischen dem Monte Smith und der Straße nach Líndos. Zwischen Pinien, Platanen und Zypressen fließt ein kleiner Bach mit Wasserfällen und Teichen. Hirsch und Hirschkuh, die rhodischen Wappentiere, und kretische Wildziegen werden in einem Gehege gehalten, auf den Wegen spazieren Pfauen umher. Am schönsten ist der Rodíni-Park im Frühjahr. Am Rosenmontag kommen viele Familien zum traditionellen Picknick hierher, das die Fastenzeit eröffnet. Ober-

halb des Platzes sind auf einem Plateau mehrere in einen Felsen gearbeitete Gräber zu sehen. Griechenlandreisende des 19. Jhs. haben das schönste davon »Ptolemäergrab« getauft. Die Einheimischen nennen es auch *koúfio vounó*, hohler Berg. *Zu erreichen über die Odós Stéfanou Kasoúli oder mit dem Bus Nr. 3 ab Mandráki*

Angeln an der Hafeneinfahrt zum Mandrakí-Hafen **[114 C1]**
Auf der Hafenmole zwischen der Evangelismós-Kirche und der Hafeneinfahrt sitzen fast immer angelnde griechische Männer und manchmal auch angelnde griechische Frauen. Zum Angeln im Meer braucht man in Hellas keinen Angelschein – und nicht einmal eine Angel. Angelschnüren und -haken gibt es an vielen Kiosken in Hafennähe – und ein Wurm wird sich vielleicht sogar in freier Natur finden lassen. Ansonsten fragt man einen Mitangler nach ein paar Ködern, auf Griechisch *dolómata* genannt. Bleibt nur noch zu wünschen: Petri Heil!

LÍNDOS UND DER SÜDEN

Per Esel zur Akropolis **[113 F3]**
Zugegeben: Für Erwachsene kann ein Eselsritt zur Akropolis mühsamer und nervenaufreibender sein als der kurze Weg zu Fuß hinauf. Für die Kinder aber wird er sicherlich zu einem Höhepunkt des ganzen Urlaubs. Wenn die Kinder dann auch noch kostentreibend wieder bergab reiten wollen, hilft vielleicht der kurze Hinweis darauf, dass Esel nicht vor Eisdielen halten. *Startpunkt am Eselsparkplatz an der Hauptgasse zwischen Bushaltestelle und Marienkirche, etwa 80 m von der Bushaltestelle entfernt. 4 Euro pro Strecke pro Person (Festpreis, am Startpunkt schriftlich aushängend)*

Badespaß finden Kinder auch im Meer

DIE INSELMITTE

Faliráki Waterpark **[111 E3]**
★ Sieben bis zu 150 m lange Riesenrutschen, ein »Lazy River« für Schlauchbootfahrten, mehrere Swimmingpools und Plantschbecken, Wassergymnastik, Wasserfall und Piratenboot, Whirlpool und Wellenbecken: Im Faliráki Waterpark gibt es einfach alles, was zu einem modernen Spaßbad gehört. *Faliráki, gegenüber dem Hotel Esperides Beach (von dort kostenloser Minizug auf Gummirädern zum Eingang), tgl. 9.30–18 Uhr, www.waterpark.gr, Erwachsene 19 Euro, Kinder (2–12 Jahre) 10 Euro*

Insider Tipp **Rhodos Ostrich Farm** **[110 C3]**
Über drei Dutzend afrikanische Straußenvögel jeden Alters fühlen sich in der Parklandschaft in der Gesellschaft von Ziegen, Lämmern und anderen Streicheltieren sichtlich wohl. Man muss seinen Kindern ja nicht unbedingt erzählen, dass es in der Snackbar der Farm auch Straußenburger zu essen gibt – aber ein Straußeneiomelett werden sie sicher mögen. *800 m rechts der Straße von der Westküste nach Petaloúdes, tgl. 9–19.30 Uhr (oder bis zum Sonnenuntergang), Erwachsene 3 Euro, Kinder (2–12 Jahre) 1, 50 Euro*

Rhodos Animal Welfare Society **[111 E3]**
Haben sich Ihre Kinder schon immer einen Hund oder eine Katze gewünscht? Auf Rhodos gibt es Tausende von Tieren, die sich nach einem besseren Schicksal sehnen. Der von einer engagierten, gut Deutsch sprechenden Dänin geführte Tierschutzverein von Rhodos liest Hunde und Katzen von der Straße auf, sterilisiert sie und pflegt sie, bis sie Adoptiveltern finden. Im letzten Jahr wurden so immerhin über 400 Tiere in gute Hände abgegeben. Der Verein kümmert sich um alle nötigen Impfungen und Papiere, damit man sie mit auf den Heimflug nehmen kann, die Fluggesellschaften erwarten nur eine Vorabinformation. Wer nicht adoptieren, sondern nur schauen (und spenden) will, ist dem Tierheim ebenfalls willkommen. *Tgl. 10–14 Uhr, Tsaíri, an der Straße von Rhodos-Stadt nach Líndos, 7 km südlich der Stadt, 2,5 km nördlich von Faliráki, Tel. 22 41 06 92 24, www.raws.dk*

Kafeteria Airport View **[110 C3]**
Über der Südostecke des Flughafengeländes von Rhodos liegt leicht erhöht die Terrasse eines modernen Cafés, von dem aus man hervorragend die startenden und landenden Flugzeuge beobachten kann. Besonders interessant ist es hier, wenn die Winde aus östlichen Richtungen wehen, da Flugzeuge ja immer gegen den Wind landen und starten. Insider Tipp Unmittelbar zu Füßen der Gäste liegt zudem das Wrack eines arabischen Airbus, der von der Landebahn abkam (Tote oder Verletzte gab es dabei nicht). Ein rhodischer Geschäftsmann hat es 2001 gekauft und will es irgendwann an die Ostküste der Insel schleppen lassen, um darin eine Diskothek zu eröffnen – aber er hat verständlicherweise Transportprobleme. So wird das Wrack wohl noch lange auf dem Flughafengelände liegen bleiben. *Parádisi, 50 m rechts der Straße von Parádisi nach Soróni, tgl. ab 8.30 Uhr, Babystuhl vorhanden,* €

Angesagt!

Was Sie wissen sollten über Trends, die Szene und Kuriositäten auf Rhodos

Heavy Metal statt Syrtáki
Die rhodische Jugend liebt ebenso wie ihre Eltern griechische Musik. Bei vielen sind allerdings keine Syrtáki-Klänge à la Alexis Sorbás mehr gefragt, sondern Rave und Heavy Metal, House und Garage – gespielt von griechischen Gruppen. Zwei sind im Moment besonders aktuell: *Pix Lax* und *Xiliná Spathiá.* Sie können ihre CDs in allen Musikgeschäften anhören und kaufen.

Tanz auf dem Tresen
Wo auf Rhodos junge britische und skandinavische Urlauber und Urlauberinnen überwiegen, reicht die Arena längst nicht mehr zum Abtanzen, geschweige denn zur Selbstdarstellung, aus. Die Bartresen sind die beliebtesten Tanzflächen. Im Disko- und Clubbingparadies der Insel, Faliráki, ist das besonders häufig zu sehen. Hier sind die bekanntesten britischen DJs regelmäßig zu Gast, U.K. Radio spielt auch tagsüber ihre Musik auf FM 107,5 Megahertz. Schon vorab können Sie sich unter *www.falirakimirror.gr* über das aktuelle Programm der Diskotheken und Clubs in Faliráki informieren.

Schlimmer als ein Mückenschwarm
Dass das Taschengeld für eine Rennmaschine längst nicht reicht, ficht so manchen jungen Rhodier nicht an. Seine Fähigkeiten als Meisterfahrer kann er schließlich auch mit kleineren Mopeds und Motorrädern unter Beweis stellen. Es gilt dabei nur, beim Start das Vorderrad des Vehikels hochzureißen, eine Weile auf dem Hinterrad zu balancieren und dann mit Vollgas in die Nachtruhe der Mitmenschen hinein zu starten.

Bier aus Trinidad
Ausländische Urlauber gönnen sich auf Rhodos gern einmal einen der unendlich vielen Cocktails, die in fast jeder Bar auf der Insel kunstvoll und teuer kreiert werden. Bei jungen Rhodiern, die auf sich halten, sind die Mixgetränke momentan allerdings out. Man schmückt sich lieber mit einem auch nicht sehr viel preiswerteren exotischen Bier aus Mexiko oder Trinidad.

Von Anreise bis Zoll

Hier finden Sie kurz gefasst die wichtigsten Adressen und Informationen für Ihre Rhodosreise

ANREISE

Direkte Charterflüge werden vom Beginn der Osterferien bis Mitte November von zahlreichen Flughäfen aus ab etwa 280 Euro angeboten (ab Hamburg Flugzeit 3 Std. 30 Min., ab Salzburg 2 Std. 50 Min.). Linienflüge sind immer mit Umsteigen in Athen verbunden, sie kosten ab etwa 450 Euro. Der Flughafen von Rhodos liegt 14 km südlich der Inselhauptstadt an der Westküste. Linienbusse fahren von dort zwischen 6 und 23.45 Uhr etwa halbstündlich in die Stadt. Taxis stehen immer bereit.

Direkte Fährverbindungen zwischen Italien und Rhodos gibt es nicht. Man muss immer über Patras nach Piräus reisen; von dort laufen täglich große Autofähren nach Rhodos aus.

AUSKUNFT

Griechische Zentrale für Fremdenverkehr

Wittenbergplatz 3 a, 10789 Berlin, Tel. 030/217 62 62, Fax 217 79 65, info-berlin@gzf-eot.de

Opernring 8, 1010 Wien, Tel. 01/512 53 17, Fax 513 91 89, grect@vienna.at

Löwenstr. 25, 8001 Zürich, Tel. 01/221 01 05, Fax 212 05 16, eot@bluewing.ch

AUTO

Es genügt der nationale Führerschein. Die Mitnahme einer internationalen grünen Versicherungskarte für das eigene Fahrzeug ist empfehlenswert, aber nicht Pflicht. Das Tankstellennetz ist dicht, bleifreies Benzin überall erhältlich. PKW aller Art benötigen in Griechenland grundsätzlich Superbenzin. Pannenhilfe des griechischen Automobilclubs ELPA insel- und landesweit: *Tel. 104*

Auf Rhodos herrscht, wie in ganz Griechenland, Anschnallpflicht auf den Vordersitzen. Höchstgeschwindigkeit ist in Ortschaften 50 km/h, auf Landstraßen 90 km/h. Hupen vor unübersichtlichen Kurven ist üblich, in Ortschaften aber verboten. Promillegrenze: 0,25 für Autofahrer, 0,1 für Motorradfahrer – harte Strafen bei Trunkenheit!

BANKEN & GELD

Banken und Postämter wechseln Geld und lösen Reiseschecks ein. Öffnungszeiten: *Banken Mo–Do 8–14, Fr 8–13.30, Postämter Mo–Fr 7.30–15 Uhr, in Touristenzentren länger.* An den Bargeldautomaten vieler Banken sind Abhebungen mit EC- oder Kreditkarte sowie der Postsparcard möglich.

BUSSE

Stadtbusse in Rhodos-Stadt
Fünf Linien fahren ab Busbahnhof *Platía Eleftherías (Néa Agorá/ Mandráki)*. Einheitspreis 90 Cent, Karten vorher am Schalter der RODA-Betriebe (Mandráki) oder am Kiosk kaufen.

Überlandbusse
Orte an der Ostküste fährt die Busgesellschaft KTEL an, solche an der Westküste das Unternehmen RODA. In Rhodos-Stadt liegen die Bahnhöfe beider Firmen am *Neuen Markt (Néa Agorá)*, KTEL/Ostküste vor dem *Fremdenverkehrsamt*, RODA/Westküste in der *Odós Papágou* am Eingang von »Ton und Licht«. Abfahrt ab dem frühen Morgen in Abständen von 30 Minuten bis zu drei Stunden. Fahrpreis zwischen 1,60 und 6 Euro.

CAMPING

Wildes Zelten ist auf Rhodos verboten. Geduldet wurde es bisher am Strand von Prassoníssi sowie an entlegenen Stränden anderswo ganz im Süden der Insel. Offizielle Campingplätze gibt es nicht.

DIPLOMATISCHE VERTRETUNGEN

Deutsches Honorarkonsulat
Rhodos-Stadt, Monte Smith, Artémidos 12, Tel. 22 41 06 37 30

Österreichische Botschaft
Athen, Leofóros Aléxandras 26, Tel. 21 08 25 72 44, athen-ob@bmaa.gv.at

Schweizer Konsulat
Rhodos-Stadt, Odós Papaloúka 31, Tel. 22 41 07 36 90

EINREISE

Gültiger Personalausweis (auch für Türkeiausflüge). Kinder unter 16 Jahren müssen im Pass eines mitreisenden Elternteils eingetragen sein oder benötigen einen Kinderausweis (ab zehn Jahren mit Lichtbild).

EINTRITTSPREISE

Zu Museen und staatlichen archäologischen Stätten haben Jugendliche unter 18 Jahren sowie Schüler und Studenten aus EU-Ländern freien Eintritt, Senioren ab 65 Jahren erhalten eine Ermäßigung. An Feiertagen (aber nicht sonntags) ist der Eintritt für alle frei. Für vier Museen in der Altstadt von Rhodos gibt es ein ermäßigtes Kombiticket (10 Euro). Es gilt für das archäologische und das byzantinische Museum, den Großmeisterpalast und das Museum für dekorative Kunst.

GESUNDHEIT

Allgemeines Krankenhaus *(Jenikó Nossokomío): Rhodos-Stadt, Odós Ágii Apóstoli, Tel. 22 41 08 00 00*

Die Apotheken *(farmakíon)* sind offiziell samstags und sonntags geschlossen. Der Notdienstplan hängt im Fenster. Eine Auslandskrankenversicherung ist zu empfehlen.

INTERNET

www.gnto.gr: die offizielle Homepage der Griechischen Zentrale für Fremdenverkehr; *www.culture.gr:* Website des griechischen Kultusminsteriums mit Informationen zu Museen und Ausgrabungen; *www.gtpnet.com:* alle aktuellen innergriechischen Schiffsfahrpläne, englisch, nützlich; *www.ana.gr:* Nachrichten aus Griechenland, aktuelle Wetterdaten, englisch; *www.info-greece.gr:* Reisetipps und Fotos von anderen Urlaubern, Chatforum, deutsch; *www.rhodos-info.de:* gute private Website, auch Chat-Forum, deutsch

INTERNETCAFÉS

Internetcafés sind auf Rhodos weit verbreitet. Für eine halbe Stunde im Netz zahlt man etwa 2 Euro. Eine Auswahl: *Rock-Style Internet Café, Rhodos-Neustadt, Odós Dimokratías 7, Tel. 22 41 02 75 02, admin@rockstyle.gr; Minoan Palace Internet Café, Rhodos-Neustadt, Odós Iróon Politechníou 13, Tel. 22 41 02 02 10, www.minoacafe.gr; Mango Bar, Rhodos-Altstadt, Platía Doriéos 2, Tel. 22 41 02 48 77, karelas@hotmail.com; Thommis Internet Bar, Ialissós, Odós Elextharéas 42, Tel. 22 41 09 60 30, thommis@otenet.gr; Líndos Internet Café, an der Postgasse, Tel. 22 44 03 21 00, www.rhodes-lindos.com*

MIETWAGEN

Mietwagen können in allen Urlaubsorten sowie am Flughafen geliehen werden. Vollkaskoversicherungen decken keine Schäden an Reifen und an der Unterseite des Wagens ab. Weitere Angebote für Autovermietungen finden Sie unter *www.marcopolo.de*

NOTRUF

Polizei: *Tel. 100;* Touristenpolizei Rhodos-Stadt: *Tel. 22 41 02 33 29 (Odós Papágou/Odós Makaríou)*

Das griechische Alphabet mit Umschrift

Im Text dieses Reiseführers finden Sie die Wörter so, wie sie der Aussprache am nächsten kommen. Auf den Karten dagegen wird ein neues Umschriftsystem verwendet, das als international verbindlich erklärt wurde. Wo es nötig war, haben wir die Kartenversion in Klammern hinzugefügt.

Α	α	a	Η	η	i	Ν	ν	n	Τ	τ	t
Β	β	v, w	Θ	ϑ	th	Ξ	ξ	ks, x	Υ	υ	i, y
Γ	γ	g, i	Ι	ι	i, j	Ο	ο	o	Φ	φ	f
Δ	δ	d	Κ	κ	k	Π	π	p	Χ	χ	ch
Ε	ε	e	Λ	λ	l	Ρ	ρ	r	Ψ	ψ	ps
Ζ	ζ	s, z	Μ	μ	m	Σ	σ, ς	s, ss	Ω	ώ	o

ÖFFNUNGSZEITEN

Geschäfte für den touristischen Bedarf sind täglich von etwa 10–23 Uhr geöffnet, Supermärkte meist Mo–Sa 8–20 Uhr. Viele nichttouristische Geschäfte bleiben montags und mittwochs nachmittags geschlossen. Die in diesem Reiseführer angegebenen Öffnungszeiten für Museen und Ausgrabungen sind Kernöffnungszeiten; manchmal werden sie in der Hochsaison ausgedehnt. Die meisten Restaurants auf Rhodos haben in der Hochsaison täglich geöffnet.

POST

Die Postämter sind normalerweise Mo–Fr 7.30–15 Uhr geöffnet, das Hauptpostamt Rhodos-Stadt *(Platía Dimarchíou/Mandráki)* Mo–Fr 7.30–20 Uhr. Briefmarken gibt es gegen Aufpreis auch an manchen Kiosken und Hotelrezeptionen sowie in vielen Souvenirläden, die Ansichtskarten verkaufen.

PREISE

Das Preisniveau auf Rhodos entspricht in etwa dem deutschen. Übernachtungen, öffentliche Verkehrsmittel und Benzin sind deutlich preiswerter, Lebensmittel deutlich teurer.

RADIO & TV

Erfragen Sie vor der Reise die Frequenz der Deutschen Welle in Köln – sie wechselt öfter: *Tel. 0221/389 32 08, Fax 389 32 20.* In Hotels mit Satellitenschüssel sind ausländische TV-Kanäle zu empfangen.

REISEZEIT

Mit Ausnahme der regnerischen und stürmischen Monate Dezember bis Mitte März immer.

STROM

220 Volt Wechselstrom. Mitteleuropäische Stecker passen meist.

TAXI

Die grauen oder blauen Wagen (in Athen: gelb) stehen am Flughafen, vor den großen Hotels und am Taxistand in Rhodos-Stadt (Mandráki). Telefonische Bestellung unter *Tel. 22 41 06 47 34* oder *Tel. 22 41 06 47 12.* Man kann Taxen auch auf der Straße anhalten. Der Starttarif beträgt 0,75 Euro, jeder gefahrene Kilometer kostet innerhalb der Stadt 0,26 Euro, außerhalb der Stadt sowie zwischen Mitternacht und 6 Uhr morgens auch in der Stadt 0,40 Euro. Der Mindestfahrpreis liegt bei 1,50 Euro. Der Flughafenzuschlag beträgt 2 Euro, der Zuschlag für Fahrten ab Häfen und Busbahnhöfen 0,70 Euro. Wer ein Funktaxi ruft, bezahlt dafür 1,30 Euro extra. Eine Stunde Wartezeit kostet 7,10 Euro.

TELEFON & HANDY

Am günstigsten telefonieren Sie von den vielen Kartentelefonen aus, die selbst im kleinsten Dorf zu finden sind. Telefonkarten für 3 Euro gibt es an Kiosken und in vielen Supermärkten, etwas günstiger Telefonkarten für 6 Euro mit einem Gesprächswert von 6,50 Euro meist nur in den Büros der Telekommunikationsgesellschaft OTE. Telefonate von Hotels und Reisebüros aus sollten Sie wegen der hohen Preisaufschläge besser vermeiden. Billigtarif für Ferngespräche: 22–8 Uhr. Alle Telefonnummern mit Ausnahme einiger Notrufnummern sind zehnstellig. Eine Ortsnetzvorwahl gibt es nicht. Handys sind weit verbreitet; die Flächendeckung ist gut. Über die recht hohen Tarife informiert Sie Ihr Provider. In einigen Gebieten der Insel sind türkische Netze stärker als die griechischen und bieten sich zuerst an – wer nicht über die Türkei telefonieren will, muss sich also einen anderen Roamingpartner suchen.

Informieren Sie sich über so genannte Calling Cards fürs Ausland, die Sie in Deutschland kaufen und mit der Sie von Ihrem Urtlaubsort aus telefonieren können.

Vorwahl nach Griechenland 0030, nach Deutschland 0049, nach Österreich 0043, in die Schweiz 0041; anschließend für Griechenland die vollständige zehnstellige Teilnehmerrufnummer, für Deutschland, Österreich und die Schweiz die Ortsnetzkennzahl ohne die Anfangsnull

TOILETTEN

Außer in sehr guten Hotels und Restaurants darf benutztes Toilet-

Was kostet wie viel?

Mietwagen	**ab 35 Euro/Tag** für einen Kleinwagen
Kaffee	**2 Euro** für eine Tasse Mokka
Wasser	**1 Euro** für 1 l Mineralwasser
Wein	**5–9 Euro** für eine Literkaraffe Wein
Benzin	**etwa 87 Cent** für einen Liter Super
Imbiss	**1,90 Euro** für ein Gyros mit Píta

tenpapier nicht ins Klobecken, sondern wegen der Verstopfungsgefahr nur in dafür bereitstehende Eimer oder Papierkörbe geworfen werden.

TRINKGELD

Es ist üblich, den Rechnungsbetrag je nach Zufriedenheit um 5–10 Prozent aufzurunden.

ZEIT

In Griechenland ist es ganzjährig eine Stunde später als in Mitteleuropa.

ZEITUNGEN

Ausländische Tageszeitungen und Zeitschriften können Sie überall auf der Insel schon am Erscheinungstag bekommen. In Griechenland selbst erscheinen die englischsprachige Tageszeitung »Athens News« und das deutschsprachige Wochenblatt »Athener Zeitung«.

ZOLL

Für den privaten Verbrauch bestimmte Waren dürfen zwischen Deutschland, Österreich und Griechenland frei ein- und ausgeführt werden. Die Obergrenzen liegen bei 800 Zigaretten, 110 l Bier, 90 l Wein und 10 l Spirituosen pro Person. Für Schweizer Staatsbürger gelten andere Obergrenzen: 200 Zigaretten und 2 l Wein.

Die Ausfuhr von Antiquitäten aus Griechenland ist streng verboten.

Wetter auf Rhodos

	Jan.	Feb.	März	April	Mai	Juni	Juli	Aug.	Sept.	Okt.	Nov.	Dez.
Tagestemperaturen in °C	15	16	17	21	25	30	32	33	29	25	21	17
Nachttemperaturen in °C	7	8	9	11	15	19	21	22	19	15	12	9
Sonnenschein Std./Tag	5	5	7	9	10	12	13	12	11	8	6	4
Niederschlag Tage/Monat	14	10	8	3	3	0	0	0	1	6	7	13
Wassertemperaturen in °C	17	16	16	17	19	21	23	25	24	22	20	18

Milás elliniká?

»Sprichst du Griechisch?« Dieser Sprachführer hilft Ihnen, die wichtigsten Wörter und Sätze auf Griechisch zu sagen

Zur Erleichterung der Aussprache sind alle griechischen Wörter mit einer einfachen Aussprache (in der mittleren Spalte) versehen.
Folgende Zeichen sind Sonderzeichen:
' die nachfolgende Silbe wird betont
ð wie englisches »th« in »the«, mit der Zungenspitze hinter den Zähnen
θ wie englisches »th« in »think«, mit der Zungenspitze zwischen den Zähnen

AUF EINEN BLICK

Ja./Nein.	nä./'ochi.	Ναι./'Οχι.
Vielleicht.	'issos.	'Ισως.
Bitte.	paraka 'lo.	Παρακαλώ.
Danke.	äfchari'sto.	Ευχαριστώ.
Entschuldigung!	si'gnomi!	Συγνώμη!
Wie bitte?	o'ristä?	Ορίστε;
Ich verstehe Sie nicht.	ðä sass katala'wäno.	Δε σας καταλαβαίνω.
Bitte, wiederholen Sie es.	na to ksana'pite, paraka'lo.	Νά το ξαναπείτε, παρακαλώ.
Ich spreche nur wenig …	mi'lo 'mono liga …	Μιλώ μόνο λίγα …
Können Sie mir bitte helfen?	bo'ritä na mä woi'θisätä paraka'lo?	Μπορείτε να με βοηθήσετε, παρακαλώ;
Ich möchte …	'θälo …	θέλω …
Das gefällt mir nicht.	af'to ðän mu a'rässi.	Αυτό δεν μου αρέσει.
Haben Sie …?	'ächätä …	'Εχετε …;
Wie viel kostet es?	'posso ko'stisi?	Πόσο κοστίζει;
Wie viel Uhr ist es?	ti 'ora 'inä?	Τι ώρα είναι;
Heute/Morgen	'simära/'awrio	Σὴμερα/Αύριο

KENNENLERNEN

Guten Morgen!	kali'mära!	Καλημέρα!
Guten Tag!	kali'mära!/'chärätä!	Καλημέρα/Χαίρετε!
Guten Abend!	kali'spära!	Καλησπέρα!

Hallo! Grüß dich!	'jassu!	Γειά σου!
Wie geht es Ihnen/dir?	'poss 'istä?/'issä?	Πώς είστε;/είσαι
Danke. Und Ihnen/dir?	äfchari'sto. äs'sis/äs'si?	Ευχαριστώ. Εσείς/εσύ;?
Auf Wiedersehen!	a'dio!	Αντίο!
Tschüss!	'jassu!	Γειά σου!

UNTERWEGS

Auskunft

links/rechts	aristä'ra/ðäks'ja	Αριστερά/Δεξιά
geradeaus	ef'θia	Ευθεία
nah/weit	ko'nda/makri'a	Κοντά/Μακριά
Wie weit ist es zum/zur …?	'posso makri'a 'inä ja …?	Πόσο μακριά είναι για …;
Ich möchte … mieten.	'θälo na ni'kjasso …	Θέλω να νοικιάσω …
… ein Auto …	'äna afto 'kinito	… ένα αυτοκς́νητο
… ein Fahrrad …	'äna po'ðilato	… ένα ποδήλατο
… ein Boot …	'mia 'warka	… μια βάρκα
Bitte, wo ist …?	paraka'lo, 'pu 'inä …?	Παρακαλώ, πού είναι …;

Panne

Ich habe eine Panne.	'äpaθa zim'ja.	'Επαθα ζημειά
Würden Sie mir bitte einen Abschlepp-wagen schicken?	θa bo'russatä na mu 'stilätä 'äna 'ochima ri'mulkissis?	Θα μπορούσατε να μου στείλετε ένα όχημα ρυμούλκησης;
Wo ist hier in der Nähe eine Werkstatt?	'pu i'parchi ä'ðo kon'da 'äna sinär'jio?	Πού υπάρχει εδώ κοντά ένα συνεργείο;

Tankstelle

Wo ist bitte die nächste Tankstelle?	'pu 'inä, sass paraka'lo, to e'pomäno wensi-'naðiko?	Πού είναι, σας παρακαλώ, το επόμενο βενζίνάδικο;
Ich möchte … Liter …	'θälo … 'litra …	Θέλω … λίτρα …
… Normalbenzin.	ap'li wän'sini.	… απλή βενζίνη.
… Super./Diesel.	'supär./'disäl.	… Σούπερ./Ντήζελ.
… bleifrei/verbleit.	a'moliwði/mä'moliwðo.	… αμόλυβδη/με μόλυβδο.
… mit … Oktan.	mä … o'ktanja.	με … οκτανια.
Voll tanken, bitte.	jä'mistä, paraka'lo.	Γεμίστε, παρακαλώ.

Unfall

Hilfe!	wo'iθja!	Βοήθεια!
Achtung!/Vorsicht!	prosso'chi!	προσοχή!
Rufen Sie bitte schnell …	ka'lästä, paraka'lo, 'grigora …	Καλέστε, παρακαλώ, γρήγορα …
… einen Krankenwagen.	'äna asθäno'foro.	… ένα ασθενοφόρο.

… die Polizei.	tin astino'mia.	… την αστυνομία.
… die Feuerwehr.	tim piroswästi'ki ipirä'sia.	… την πυρoσ βεστικη υπηρεσ ια.
Geben Sie mir bitte Ihren Namen und Ihre Anschrift.	'pästä mu paraka'lo to 'onoma kä ti ðiäfθin'si sass.	Πέστε μου παρακαλώ το όνομα και τη διευθυνσή σας.

ESSEN/UNTERHALTUNG

Wo gibt es hier ein gutes Restaurant?	pu i'parchi ä'ðo 'äna ka'lo ästia'torio?	Πού υπάρχει εδώ ενα καλό εστιατόριο;
Gibt es hier eine gemütliche Taverne?	i'parchi ä'ðo ta'wärna mä 'anäti at'mosfära?	Υπάρχει εδώ ταβέρνα με ανετη ατμόσφαιρα;
Reservieren Sie uns bitte für heute Abend einen Tisch für vier Personen.	kra'tistä mas paraka'lo ja 'simera to'wraði 'äna tra'päsi ja 'tässära 'atoma.	Κρατήστε μας παρακαλώ για σήμερα το βράδυ ένα τραπέζι για 4 άτομα.
Bezahlen, bitte.	paraka'lo, na pli'rosso.	Παρακαλώ, να πληρώσω.
Das Essen war ausgezeichnet.	to faji'to 'itan äksäräti'ko.	Το φαγητό ήταν εξαιρετικό.
Messer	ma'chäri	Μαχαίρι
Gabel	pi'runi	Πηρούνι
Löffel	ku'tali	Κουτάλι
Teelöffel	kuta'lakki	Κουταλάκι

EINKAUFEN

Wo finde ich …?	pu θa wro …?	Πού θα βρω …;
Apotheke	to farma'kio	το φαρμακείο
Bäckerei	to artopo'lio	το αρτοπωλείο
Fotoartikel	ta fotografi'ka 'iði	τα φωτογραφικά είδη
Kaufhaus	to polika'tastima	το πολυκατάστημα
Lebensmittelgeschäft	to ka'tastima tro'fimon	το κατάστημα τροφίμων
Markt	i ajo'ra	η αγορά

ÜBERNACHTUNG

Können Sie mir bitte … empfehlen?	bo'ritä paraka'lo na mu si'stissätä	Μπορείτε παρακαλώ να μου συστήσετε …
… ein Hotel …	'äna ksänoðo'chio?	… ένα ξενοδοχείο;
… eine Pension …	'mia pan'sjon?	… μια πανσιόν;
Ich habe bei Ihnen ein Zimmer reserviert.	'äðo sä sas 'äklissa 'äna ðo'matjo.	Εδώ σε σας έκλεισα ένα δωμάτιο.

Haben Sie noch Zimmer frei?	'ächätä a'kommi ðo'matja ä'läfθära?	Έχετε ακόμη δωμάτια ελεύθερα;
… für eine Nacht?	ja mja 'nichta?	… για μια νύχτα
… für eine Woche?	ja mja wðo'maða?	… για μια βδομάδα
Was kostet das Zimmer mit …	'posso ko'stisi to ðo'matjo mä …	Πόσο κοστίζει το δωμάτιο με …
… Frühstück?	proi'no?	… πρωινό;
… Halbpension?	'mäna 'jäwma?	… μ'ένα γεύμα;

PRAKTISCHE INFORMATIONEN

Arzt

Können Sie mir einen guten Arzt empfehlen?	bo'ritä na mu siss'tissätä 'änan ka'lo ja'tro?	Μπορείτε να μου συστήσετε έναν καλό γιατρό;
Ich habe hier Schmerzen.	ä'ðo 'ächo 'ponnus.	Εδώ έχω πόνους.

Post

Was kostet …	'posso ko'stisi …	Πόσο κοστίζει …
… ein Brief …	'äna 'gramma	… ένα γράμμα
… eine Postkarte …	mja 'karta	… μια κάρτα …
… nach Deutschland?	ja ti järma'nia?	… για τη Γερμανία;
Österreich/Schweiz	Afs'tria/Elwe'tia	Αυστρία/Ελβετία

ZAHLEN

0	mi'ðän	μηδέν	20	'ikossi	είκοσι
1	'äna	ένα	21	'ikossi 'äna	είκοσι ένα
2	'ðio	δύο	22	'ikossi'ðio	είκοσι δύο
3	'tria	τρία	30	tri'anda	τριάντα
4	'tässära	τέσσερα	40	sa'randa	σαράντα
5	'pändä	πέντε	50	pä'ninda	πενήντα
6	'äksi	έξι	60	ä'ksinda	εξήντα
7	ä'fta	εφτά	70	äwðo'minda	εβδομήντα
8	o'chto	οχτώ	80	og'ðonda	ογδόντα
9	ä'näa	εννέα	90	änä'ninda	ενενήντα
10	'ðäka	δέκα	100	äka'to	εκατό
11	'ändäka	έντεκα	200	ðia'kosja	διακόσια
12	'ðoðäka	δώδεκα	1000	'chilia	χίλια
13	ðäka'tria	δεκατρία	2000	'ðio chi'ljaðäs	δύο χιλιάδες
14	ðäka'tässära	δεκατέσσερα	10000	'ðäka chi'ljaðäs	δέκα χιλιάδες
15	ðäka'pändä	δεκαπέντε			
16	ðäka'äksi	δεκαέξι	1/2	to 'äna 'ðäftäro	(το) ένα δεύτερο
17	ðäkaä'fta	δεκαεφτά			
18	ðäkao'chto	δεκαοχτώ	1/4	to 'äna 'tätarto	(το) ένα τέταρτο
19	ðäkaä'näa	δεκαεννέα			

Reiseatlas Rhodos

Die Seiteneinteilung für den Reiseatlas finden Sie auf dem hinteren Umschlag dieses Reiseführers

Kartenlegende Reiseatlas

Zweibahnige Straße (4-spurig)		Dual carriageway (4 lanes)
Fernverkehrsstraße · Straßennummern	14 E45	Trunk road · Road numbers
Wichtige Hauptstraße		Important main road
Hauptstraße · Tunnel · Brücke		Main road · Tunnel · Bridge
Nebenstraßen		Minor roads
Fahrweg · Fußweg		Track · Footpath
Wanderweg (Auswahl)		Tourist footpath (selection)
Eisenbahn mit Fernverkehr		Main line railway
Zahnradbahn, Standseilbahn		Rack-railway, funicular
Kabinenschwebebahn · Sessellift		Aerial cableway · Chair-lift
Autofähre		Car ferry
Personenfähre		Passenger ferry
Schifffahrtslinie		Shipping route

Naturschutzgebiet · Sperrgebiet		Nature reserve · Prohibited area
Nationalpark, Naturpark · Wald		National park, natural park · Forest
Straße für Kfz. gesperrt		Road closed to motor vehicles
Straße mit Gebühr		Toll road
Straße mit Wintersperre	XII-II	Road closed in winter
Straße für Wohnanhänger gesperrt bzw. nicht empfehlenswert		Road closed or not recommended for caravans
Touristenstraße · Pass	Weinstraße 1510	Tourist route · Pass
Schöner Ausblick · Rundblick · Landschaftlich bes. schöne Strecke		Scenic view · Panoramic view · Route with beautiful scenery

Heilbad · Schwimmbad	Spa · Swimming pool
Jugendherberge · Campingplatz	Youth hostel · Camping site
Golfplatz · Sprungschanze	Golf-course · Ski jump
Kirche im Ort, freistehend · Kapelle	Church · Chapel
Kloster · Klosterruine	Monastery · Monastery ruin
Schloss, Burg · Schloss-, Burgruine	Palace, castle · Ruin
Turm · Funk-, Fernsehturm	Tower · Radio-, TV-tower
Leuchtturm · Kraftwerk	Lighthouse · Power station
Wasserfall · Schleuse	Waterfall · Lock
Bauwerk · Marktplatz, Areal	Important building · Market place, area
Ausgrabungs- u. Ruinenstätte · Bergwerk	Arch. excavation, ruins · Mine
Dolmen · Menhir · Nuraghen	Dolmen · Menhir · Nuraghe
Hünen-, Hügelgrab · Soldatenfriedhof	Cairn · Military cemetery
Hotel, Gasthaus, Berghütte · Höhle	Hotel, inn, refuge · Cave

Ausflüge & Touren	**Excursions & tours**

A
B
C
1
2
3
4
5
6
Alimia
Αλιμια
Vouni
268
Alimia
Ormos Alimias
Ag. Minas
126
Akra Mermingas
Agios Theodōros
Chalkī
Χαλκη
Akra Armeno
Akra Limanari
Akra Kefalos
Maistros
593
Profitis Īlias
483
Chalkī
441
Ag. Marina
Monī Ag. Ioánnis
268
Chorion
Krevati
Nisaki
Tragouss
Akra Mirtos
Akra Ikalos
Diafanion (Karpathos) 2h
Diafanion 4h
Karpathos 5h
M E D I T E R R A N E A N
S E A
Chalki 2h, Karpathos 5h, Diafanion 4h
P. Soroni
P. Fanou
P. Anemomilos
Gefira Fanou
Fanes
198
Akra Mīnas
Kalavarda
Kamiros
Argiros
Ag. Faneroméni
Plati
16
Salakos
Σαλακος
(210)
277
Mandriko
27
Elafos-Elafina
Kapi
Ag. Nikolaos Fountoukli
Akra Kopria
Skala Kamíros
Nánì
780
Profitis Ilias
714
Kastellos Krītinia
Athlitikó Kentro
Monī Kariōna
Museion
Krītinia
Κρητηνια
504
Apōllona
Απολλωνα
(310)
12
Monī Amartou
Emery
P. Paleochora
Amartos
Embonas
Εμπωνας
301
342
Atáviros
1216
367
Assouri
Monī Artamití
Lakkí
Atáviros
360
Stavrós
1071
Agios Isidōros
564
Laerma
Λαερμα
Siana
(450)
Ag. Ioánnis
112
110

D
E
F
1
2
3
4
5
6
RODOS
ΡΟΔΟΣ
Rhodos 2h
Akra Kopria
Skala Kamiros
Kastellos Kritinia
1 Kritinia
Κρητηνια
Makry
Strongili
Moni Amartou
P. Paleochora
Piräefs 18h, Kos 4h, Symi 1h
Marmaris 3h
Akra Zonari
Enydreio
Megisti
Lemesos 17
Hefa 4
Palati Ippoton
Monte Smith
110
KRITIKA
KANDILION
IALISSOS
(TRIANTA)
ΙΑΛΥΣΣΟΣ
Ormos Trianta
P. Ialisso
P. Ixia
IXIA
Kremasti
Κρεμαστη
Gefira Kremasti
Diagoras Internat. Airport
Ag. Ioannis
Panagia Kremasti
TREIS
Rodini Parko
Ag. Marina
Sgourou
(Asgourou)
Kallithea
Akra Vodi
Paradisi
Παραδεισι
271
Paradisi
Ialissos
267
Filerimos
Pastida
Παστιδα
Koskinou
Κοσκινου
Thermes Kallitheas
P. Tassos
Ormos
P. Faliraki
Kallitheas
P. Tholos
Kato Kalamonas
Theologos
Damatria
Airstrip
Maritsa
Μαριτσα
416
263
Epano Kalamonas
Koumouli
Moni Agios Eleousas
Agios Ioannis
Kalithies
Καλυθιες
Faliraki
Ag. Agios
Petaloudes
Moni Kalopetras
Moni Profitis Amos
Anthony Quinn Bay
Akra Ladiko
P. Ladikou
Psinthos
Ψινθος
Ag. Georgios
330
Psalidi
485
Psinthos
362
Alogna
Ag. Triada
P. Traganou
Afantou
Αφαντου
P. Afantou
Katholiki Afantou
Ormos
Afantou
411
Panagia Parmeniotissis
Moni Panagia Paramithias
Eleousa
Archipoli
Αρχιπολη
Ag. Nektarios
Loutani
Gefira Loutani
Kolimbia
Akra Vagia
Ag. Thomas
465
341
551
Messovouna
Epta Piges
Panagia Tsambika
Paralia Tsambikas
Moni Tsambika
Platanero
Ormos Archangelou
Petronia
Makkaris
Malona
Μαλωνα
Archangelos
Αρχαγγελος
Stegna
P. Stegna
Profitis Ilias
512
324
Ormos Malonos
Akra Archangelos
P. Ag. Agathi
Masari
Ag. Georgios Lorima
218
Kastro Feraklos
Charaki
P. Masari
Lindos
5km
111
113

A
B
C
110
1
2
3
4
5
6
Ormos Glifadas
P. Glifadas
Lakki
Akra Glifada
Stellíes
Pírgos
342
Atáviros
1216
Atáviros
1071
Agios Isidoros
564
585
548
482
Akra Armenistīs
319
Armenistis
Akramitis
825
Siana
(450)
Ag. Ioánnis
Ormos Kerameni
Monólithos
(280)
Kastro Monólithos
(240)
Akra Monólithos
Strongilo
Akra Fourni
Istrios
Kourkoutachi
Profilia
496
Strongilī
Ag. Geórgios Vardas
Ormos
P. Kalamos
41
Ag. Eirini
Apolakkia
Απολακκια
Apolakkias
Arnitha
Moni Filímonos
Ag. Nikolaos
Vati
513
Koukouliari
Moni Skiadi
563
Mesanagros
Μεσαναγρος
341
386
Kimisis tis Theotokou
Ag. Thomas
Chtenies
Ag. Nikolaos
306
Ag. Ioánnis
319
Ag. Georgios
Profitis Elias
Kattavia
Καττaβια
Lachania
Λαχανια
Akra
20
Chochlakas
Agios Pavlos
189
236
Karávolas
Plimmíri
P. Plimmiri
Agios Geórgios
Akra Viglas
Vruliá
214
Oros
P. Prasonisi
Akra Prasonīsi
Prasonīsi
112

111

D
E
F
1
2
3
4
5
6
367
Assouri
16
403
Mákkaris
Malōna
Μαλωνα
Archangelos
Αρχαγγελος
Petrona
Stegna
Profitis Ilias
512
360
Stavrōs
Moni Kamirou
324
Ormos Malōnos
Akra Archangelos
Masarī
Ag. Geórgios Lorima
18
P. Ag. Agathi
Kastro
Feraklos
Charaki
P. Masari
Laerma
Λαερμα
218
Gaidouras
Gefira Gaidoura
220
oni Thari
Ormos Renis
371
Kalathos
Καλαθος
13
389
405
Inko
Moni Inko
Ormos Vlicha
Faliraki
P. Vlicha
95
Vlicha
Akra Ag. Aimilianos
Pilonas
Lardos
Λαρδος
Moni Ipsenis
Lindos
Λινδος
Ormos Lindou
Akropoli tis Lindou
(116)
Ag. Geórgios
Kontari
17
2,5
458
Marmari
Lim. Apostolou Pavlou
309
4,5
Asklipio
P. Lardos
P. Lothiarka
Pefkoi
Pentanisi
Ormos Lardou
P. Glistra
Kiotari
Pente Vrachi
Akra Lardos (Fōkas)
3,5
P. Kiotari
Ormos Gennadiou
P. Gennádi
MEDITERRANEAN
SEA
5km

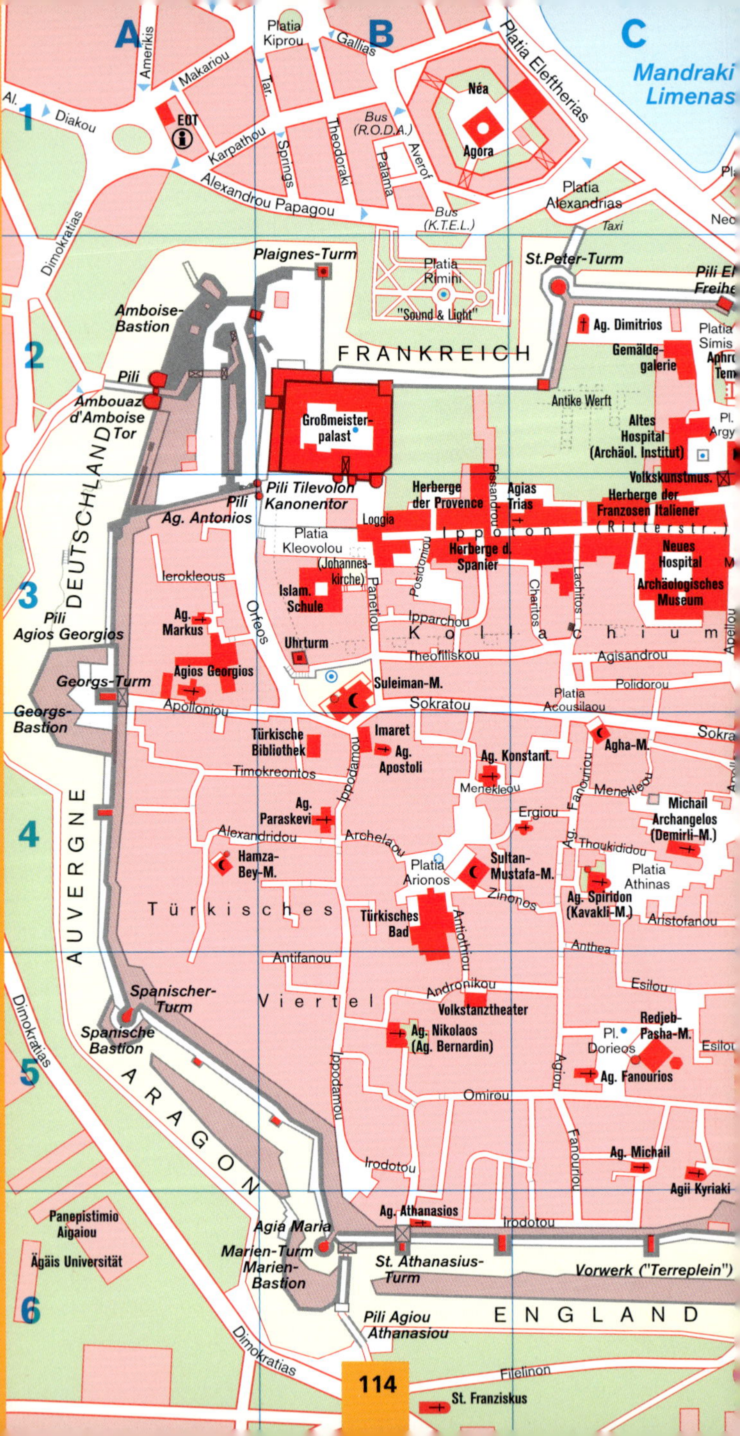
A
B
C
1
2
3
4
5
6
Amerikis
Platia Kiprou
Gallias
Platia Eleftherias
Mandraki Limenas
Makariou
Tar.
Al. Diakou
EOT
Karpathou
Springs
Theodoraki
Bus (R.O.D.A.)
Palama
Averof
Néa
Agora
Alexandrou Papagou
Bus (K.T.E.L.)
Platia Alexandrias
Taxi
Dimokratias
Plaignes-Turm
Platia Rimini
"Sound & Light"
St.Peter-Turm
Amboise-Bastion
Ag. Dimitrios
FRANKREICH
Platia Símis
Gemälde-galerie
Pili
Ambouaz d'Amboise Tor
Großmeister-palast
Antike Werft
Altes Hospital (Archäol. Institut)
DEUTSCHLAND
Pili Tilevolou Kanonentor
Herberge der Provence
Pissandrou
Agias Trias
Volkskunstmus.
Herberge der Franzosen
Herberge der Italiener
Pili
Ag. Antonios
Loggia
Ippoton (Ritterstr.)
Platia Kleovolou
(Johannes-kirche)
Posidoniou
Herberge d. Spanier
Neues Hospital
Archäologisches Museum
Ierokleous
Islam. Schule
Panetiou
Charitos
Lachitos
Pili Agios Georgios
Ag. Markus
Orfeos
Ipparchou
Kollachium
Apellou
Uhrturm
Theofiliskou
Agisandrou
Agios Georgios
Georgs-Turm
Suleiman-M.
Polidorou
Georgs-Bastion
Apolloniou
Sokratou
Platia Acousilaou
Türkische Bibliothek
Imaret
Ag. Apostoli
Agha-M.
Timokreontos
Ippodamou
Ag. Konstant.
Menekleou
Fanouriou
Ag. Paraskevi
Ergiou
Michail Archangelos (Demirli-M.)
Alexandridou
Archelaou
Thoukididou
Hamza-Bey-M.
Platia Arionos
Sultan-Mustafa-M.
Platia Athinas
AUVERGNE
Türkisches Viertel
Zinonos
Ag. Spiridon (Kavakli-M.)
Aristofanou
Türkisches Bad
Antiothou
Anthea
Antifanou
Spanischer-Turm
Andronikou
Esilou
Volkstanztheater
Spanische Bastion
Ag. Nikolaos (Ag. Bernardin)
Redjeb-Pasha-M.
Pl. Dorieos
Agiou
Ag. Fanourios
Dimokratias
ARAGON
Omirou
Irodotou
Ag. Michail
Agii Kyriaki
Panepistimio Aigaiou
Ägäis Universität
Agia Maria
Ag. Athanasios
Marien-Turm
Marien-Bastion
St. Athanasius-Turm
Vorwerk ("Terreplein")
Pili Agiou Athanasiou
ENGLAND
Dimokratias
114
Filelinon
St. Franziskus

D
E
F
Rhodos-Altstadt
100 m
1
2
3
4
5
6
Autofähren
Kreuzfahrt-Schiffe
Pili Ag. Pavlos
Paulus-Bastion
Naillac-Turm
Pili Navarinou
Arsenaltor
Mühlenturm (Engelsturm)
Fischer-hafen
Embórikos
Zollamt
Mühlenmole
Pili Arnaldo
Hospitaltor
Limenas
(Handelshafen)
Pili Thalassini
Marine-Tor
KASTILIEN
Pili Milon/
Pili Agias
Ekaterinis
Mühlen-Tor
Panagia tis Nikis
Agios Pantaleimon
Platia Pisidorou
Kastellania (Handelsgericht)
Platia Ippokratou
Sachtouri
Aristotelou
Pili Panagias
Marien-Tor
Katharinen-hospital
Antike Mauern
Eolou
Konstantinou
Rodiu
Erzbischofspalast ("Admiralität")
Pl. Martyron Evreon
Pindarou
Ag. Ekaterina
Panagia tou Bourgou
Thiseos
Kisthiniou
ITALIEN
Promitheos
Ibrahim-Pasha-M.
Jüdisches Viertel
Dosiadou
Byzantiou
Haus v. Katalonien
Alchadef
Akandia-Tor
Pili Akandia (Karetou)
Simiou
Kahal-Shalom-Synag.
Dimosthenous
Perikleous
Leonidou
Fidiou
Gavala
Dionissiou
Byzant. Mauern
Platia Panagiotu Rodiu
Tavriskou
Windmühle
Agia Triada (Dolaply-M.)
Ag. Ekaterini
Tlipolemou
Irinnas
Ekatonos
Caretto-Bastion
Praxitelou
Pythagora
Ag. Marina
Efthimiou
Archiepiskopou
PROVENCE
Vironos
Ag. Ioannou
Johannes-Turm
Koskinou-Tor
Johannes-Bastion
Kolokotroni
Akti
Boumbouli
Ermou
Evripidou
Damagitou

In diesem Register finden Sie alle im Reiseführer erwähnten Orte und Ausflugsziele, wichtige Sachbegriffe und Personen. Halbfette Seitenzahlen verweisen auf den Haupteintrag, kursive auf ein Foto.

Schreiben Sie uns!

Liebe Leserin, lieber Leser,

wir setzen alles daran, Ihnen möglichst aktuelle Informationen mit auf die Reise zu geben. Dennoch schleichen sich manchmal Fehler ein – trotz gründlicher Recherche unserer Autoren/innen. Sie haben sicherlich Verständnis, dass der Verlag dafür keine Haftung übernehmen kann. Wir freuen uns aber, wenn Sie uns schreiben.

Senden Sie Ihre Post an die MARCO POLO Redaktion,
Mairs Geographischer Verlag, Postfach 31 51, 73751 Ostfildern,
marcopolo@mairs.de

Impressum

Titelbild: Blick auf Líndos (R. Hackenberg)
Fotos: O. Baumli (55); K. Bötig (41, 56, 79); R. Hackenberg (17, 52, 63, 77, 81, 85, 87, 90, 107); Mauritius: Bartel (12, 48), Hubatka (96), Jiri (88, 92), Spectrum (47); T. Stankiewicz (U. r., 28, 42, 58, 94); Touristik Marketing (26); E. Wrba (U. l., U. M., 1, 2 o., 2 u., 4, 5 o., 5 u., 6, 7, 9, 11, 14, 18, 20, 22, 25, 27, 29, 30, 33, 35, 38, 54, 61, 66, 67, 70, 82)

11., aktualisierte Auflage 2004 © Mairs Geographischer Verlag, Ostfildern
Herausgeber: Ferdinand Ranft, Chefredakteurin: Marion Zorn
Redaktion: Manfred Pötzscher, Bildredakteurin: Gabriele Forst
Kartografie Reiseatlas: © Mairs Geographischer Verlag/Falk Verlag
Gestaltung: red.sign, Stuttgart
Sprachführer: in Zusammenarbeit mit Ernst Klett Verlag GmbH, Stuttgart, PONS Wörterbücher

Printed in Germany. Gedruckt auf 100% chlorfrei gebleichtem Papier

Bloß nicht!

Damit die Ferien auf Rhodos ein Erfolg und ein Vergnügen werden – hier ein paar kleine Tipps

Einschüchtern lassen
Reiseleiter leben auch von Provisionen, große Reiseveranstalter kalkulieren sie von vornherein mit ein. Die meisten Reiseleiter informieren ihre Gäste zwar offen und ehrlich übers Reiseziel – manche schwarze Schafe versuchen den Reisenden jedoch Angst einzuflößen, damit sie den Mietwagen bei ihnen buchen und an organisierten Ausflügen teilnehmen, statt mit dem Linienbus oder Taxi zu fahren. Rhodos ist in jeder Hinsicht eine ungefährliche Insel – Angst vor Einheimischen braucht hier niemand zu haben. Nur im Zentrum von Faliráki sollten Sie sich spätabends vor zumeist jungen britischen Hooligans in acht nehmen, die leider viel zu oft völlig betrunken Schlägereien anfangen.

Drauflosfotografieren
Viele Rhodier lassen sich gern fotografieren, hassen aber Urlauber, die sich wie Jäger aufführen. Bevor Sie auf den Auslöser drücken, sollten Sie daher mit einem Lächeln das Einverständnis des »Motivs« einholen.

Zu spärlich bekleidet sein
Am Strand und in den Badeorten haben sich die Griechen an viel nackte Haut gewöhnt. In den Binnendörfern und in der Altstadt aber macht man sich durch allzu knappe Bekleidung lächerlich. In Kirchen und Klöstern müssen Knie und Schultern bedeckt sein; ein Kopftuch ist nicht erforderlich.

Sich vom Fischpreis überraschen lassen
Frischer Fisch ist in Griechenland in Restaurants und Tavernen unverschämt teuer. Er wird meist nach Gewicht verkauft. Man sollte sich den Kilopreis nennen lassen und beim Auswiegen dabei sein, um beim Bezahlen unangenehme Überraschungen zu vermeiden.

Brandgefahr unterschätzen
Die Waldbrandgefahr auf Rhodos ist groß. Raucher werden um besondere Vorsicht gebeten.

Das Hupen vergessen
Die Griechen sind Meister im Kurvenschneiden. Halten Sie sich daher am besten in Kurven immer ganz rechts und hupen Sie an unübersichtlichen Stellen.

Dem Kir Royal verfallen
Schmuck- und Pelzhändler laden ihre Ladenbesucher gern zu einem Glas Kir Royal, Whisky, *oúzo* oder Sekt während des Verkaufsgesprächs ein. Wer sich darauf einlässt, sollte seine Kaufentscheidung vielleicht auf einen zweiten Besuch verschieben, um sich die Geldausgabe noch einmal zu überlegen.